주역의 세계

주역의 세계

•

카나야 오사무 지음
김상래 옮김

EKI NO HANASHI(易の話) by Osamu Kanaya
Original Japanese copyright ⓒ 1972 by Kodansha Ltd.
Korean translation copyright ⓒ 1999 by Hanul Publishing Company
Korean translation rights arranged with Kodansha Ltd. through Imprima Korea Agency

이 책의 한국어판 저작권은 Imprima Korea Agency를 통한 Kodansha Ltd. (Tokyo, Japan)와의 독점계약에 의해 도서출판 한울에 있습니다. 저작권법에 의해 한국 내에서 보호를 받는 저작물이므로 무단전재 및 복제를 금합니다.

역자 서문

이 책은 카나야 오사무(金谷治)의 『易の話』(東京: 講談社, 1972)를 완역한 것이다. 역자가 이 책을 처음 접한 것은 1985년 한국정신문화연구원 도서관에서였다. 역자는 석사과정 여름방학 때 이 책을 완독하고 초역을 마쳤지만 학위논문 준비 등으로 그동안 출간 기회를 갖지 못했다. 그러다가 지난 96년 정문연 해외유학생으로 선발되어 미국 뉴멕시코 주립대학교에서 1년간 연구생활을 할 기회가 있었는데, 그때 도서관에서 우연히 이 책을 다시 만났다. 대만에서 출판된 번역서(林順隆 譯, 『漫遊易經世界』, 臺北: 書泉出版社, 1993)와 함께였다. 대만 번역서를 보고 역자는 두 가지 감상에 젖었는데, 하나는 외국에서 이 책의 번역본을 발견했다는 기쁨이고, 다른 하나는 그 번역본에 대한 실망감이었다. 대만의 특수한 정치적 상황 때문이라고 생각되지만, 대만 번역본은 이 책 제5장의 '모택동사상에 대한 영향' 부분을 번역하지 않았고, 그 밖에도 생략한 부분이 많았다.

이번에 출간하게 된 이 책은 완역본이며, 특히 역주를 상세하게 붙였다. 역주의 대부분은 동양고전의 원문을 참조할 수 있도록 한 것이며, 독자들이 번역문의 의미를 좀더 쉽게 이해할 수 있도록 보충설명을 한 부분도 있다.

저자도 밝히고 있듯이, 이 책은 역학을 처음 접하는 사람들을 위한 개론서의 성격이 강하다. 그러므로 이 책은 일반독자들을 위해서는 『역경(주역)』에 근거하여 스스로 점을 쳐볼 수 있는 재미와 중국철학에 대한 관심을 불러일으키고, 전문적으로 공부하고자 하는 사람들에게는 역학에 관한 한 거의 모든 분야에 걸쳐 기초적인 지식을 제공하고 있다.

이 책의 출간에 즈음하여 그동안 석사·박사논문을 지도해주신 김형효 교수님, 1년 동안의 미국 연구생활을 주선해주신 정해창 교수님을 비롯한 정문연 철학종교연구실 교수님들, 『주역』에 처음 눈을 뜨게 해주신 성균관대 최영진 교수님, 공주대 권정안 교수님, 대학원 석사과정 수업을 통해 『주역』에 관한 학문적 시야를 넓혀주신 숭실대 곽신환 교수님, 그리고 동양철학에 관한 중국문헌의 번역에서 발생하는 실제적인 문제점들에 대해 많은 가르침을 주신 서강대 정인재 교수님에게 감사드린다.

그리고 역자의 학문 여정에 누구보다도 큰 힘이 되어주신 부모님을 비롯한 가족들, 특히 그동안 묵묵히 격려와 사랑을 보내준 아내에게 이 책을 바친다. 아울러 이 책을 출간해준 도서출판 한울의 관계자 여러분께도 깊이 감사드린다.

"번역은 반역이다"라는 말이 있다. 이번에 출간되는 이 책도 완벽한 번역이라고 장담하기는 힘들 것이다. 오역이 있다면 그것은 모두 역자의 잘못임을 밝히면서 독자 여러분의 질정을 바란다.

1999년 2월
김 상 래

주역의 세계 ■ 차례

역자서문 5

서장 — 점서(占筮)와 의리(義理) ——————— 15
『역(易)』의 두 얼굴 17
주된 관심은 인간의 삶의 방식 19
평상시의 점치기와 비상시의 점치기 20
인간이 스스로 무력함을 느낄 때 23
이 책을 점쳐본다 25

1 — 역(易)의 구성 ——————————————— 29
1. 8괘와 64괘 31
   8괘의 기초가 되다 31
   괘상(卦象)과 괘덕(卦德) 33
   8괘는 고대문자인가 35
   64괘의 성립 37
   64괘의 순서에 담긴 의미 40
   384효 41
   『역』은 '변화의 책' 42
   6효의 명칭 43

2. 점을 치는 언어―괘사(卦辭)와 효사(爻辭)　44
      괘사―괘상의 설명　44
      괘사를 해석하는 「단전(彖傳)」·'대상(大象)'　46
      효사의 표현방법　47
      효사의 해설―「상전(象傳)」　49
      경(經)이 『역』의 중심이다　50
   3. 경(經)과 전(傳)　51
      상경(上經)과 하경(下經)　51
      '전(傳)'에는 '십익(十翼)'이 있다　51
      「단전(彖傳)」과 「상전(象傳)」　52
      괘(卦)·효(爻)의 형태에 의한 해석　55
      강(剛)·유(柔)에 의한 해석　56
      유교적으로 정리된 대상(大象)　58
      「문언전(文言傳)」과 「계사전(繫辭傳)」　59
      「설괘전(說卦傳)」·「서괘전(序卦傳)」·「잡괘전(雜卦傳)」　60
      정리　61

2 ― 점(占)으로서의 역 ――――――――――― 63
   1. 점서(占筮)의 방법　65
      시초[蓍]나 서죽(筮竹)을 쓴다　65

4단계의 조작 66
　　　네 번 나누기[四營]를 세 번의 변화[三變]까지 67
　　　효(爻)를 그리는 방법 69
　　　소음(少陰), 소양(少陽), 노음(老陰), 노양(老陽) 70
　　　괘사(卦辭)에 의한 판단 72
　　　괘상(卦象)에 의한 판단법 73
　　　변효(變爻)가 있는 경우 74
　　　동전으로 괘를 찾는 간단한 방법 76
　　　엄숙한 의례로서 78
　　　점의 결과를 판단할 때의 어려움 80
　　　발이 없으면 배를 타고 돌아간다 82
2. 귀복(龜卜)과 점서(占筮) 83
　　　역 이전의 점(占) — 복(卜) 83
　　　점치기를 담당한 샤먼 85
　　　수(數)의 신비 86
　　　귀복(龜卜)과 점서(占筮)의 차이 88
　　　인간적인 자각이 합리성을 요구한다 90
3. 중국의 지식인과 점서(占筮) 91
　　　점을 치는 다양한 방법 91
　　　공자의 합리주의 93
　　　주자(朱子)의 방법 94

육우(陸羽)의 방법 95
   죽을 날을 미리 안다 97
   점술가와 지식인 98

3 — 『**역경**』의 성립 ─────────────── 101
  1. 전설 103
   『역』은 세 사람의 성인(聖人)을 거쳤다 103
   복희, 문왕, 공자 104
   오랜 세월, 많은 사람들에 의해 이루어졌다 105
   세 가지의 역이 있었다? 107
  2. 괘사와 효사의 성립 109
   64괘가 성립된 시기 109
   옛날 재료를 배열 110
   원래 모습을 되찾는 데 근거가 되는 재료? 111
   괘명(卦名)을 붙이는 방법 114
   언제쯤 완성되었을까 115
  3. 십익(十翼)의 완성 116
   1) 「단전」과 소상(小象) 116
    음양(陰陽)이 아니라 강유(剛柔)로 나타낸다 117
    경(經)에 대해 이유를 붙인다 119
    전국시대 중·후기에 완성 121

2) 「계사(繫辭)」와 「문언(文言)」 122
          유교(儒敎)의 책이 되다 123
          천인합일 사상 124
          유교 재생의 책 125
       3) 대상(大象)과 그 밖의 전(傳) 127
          「설괘전(說卦傳)」 127
          괘상(卦象)을 본 뜬 대상(大象) 128
          「서괘전(序卦傳)」·「잡괘전(雜卦傳)」 129
    4. '역'이라는 명칭의 의미 130
       간이(簡易), 변역(變易), 불역(不易) 130
       문자에 의한 접근 131
       서법(筮法)이 발달한 어느 단계에 133

4 ─ 사상으로서의 역 ──────────── 135

    1. 경전으로서의 확립 137
       한대 초기의 사상상황 속에서 137
       인간사와 자연현상을 결부시킨 한역(漢易) 138
       자연철학으로서의 음양사상 141
       동중서(董仲舒)의 사고방식 142
       사상서로서 공인되다 143
       '역을 잘하는 사람은 점을 치지 않는다' 144

괘사·효사를 사색의 대상으로 삼다　146
　2. 노장과의 관계와 왕필의 역　148
　　　천재 왕필(王弼)이 살았던 시대　148
　　　혼탁함을 버리고 본질을 추구한다　150
　　　진리를 파악하면 괘의 의미나 상징[象]은 버려라　151
　　　'무(無)'가 만상(萬象)의 근본　152
　　　'무(無)' 사상의 완성　155
　　　왕필의 공적　157
　3. 송대철학의 정수－정이천의 역　158
　　　현상을 지탱하는 '이(理)'의 세계　158
　　　『역』이 존중된 시대　160
　　　『역전(易傳)』에 온 힘을 기울이다　161
　　　변화하는 사상(事象)을 통해 '이(理)'를 파악　162
　　　본체와 작용　164
　　　하나의 달도 다양하게 보일 수 있다　165
　　　도덕성의 기반　166
　　　화엄철학의 영향　168

5 ─ 역과 중국인의 사고방식 ────────── 171
　1. 대립과 종합　173
　　　대립하면서도 서로 끌어당기는 관계－대대(對待)　173

      남녀의 관계로서 174
      전체를 관통하는 대대관계(對待關係) 175
      중국인들의 사상적 밑바탕 178
      현실의 상대성을 말하는 노자 179
      대립을 초월한 경지를 말하는 장자 180
      양(陽) 속에 음(陰)이 있고, 음(陰) 속에 양(陽)이 있다 182
      서양적 이원론과의 차이 184
      선악에 대해서 185
      허실론(虛實論) 186
      대구(對句)의 기법 188
      현실을 중시하는 중국인 190
      역의 종합은 중(中)의 입장에서 191
      대대관(對待觀)의 한계와 그 장점 194
      모택동사상에 대한 영향 195
  2. 변역(變易)과 순환(循環) 196
      만물의 생성과 역의 변화 196
      변혁(變革)의 사상 199
      순환(循環)으로서의 변화 201
      인간만사 새옹지마 204
      오행(五行)의 순환 205
      왕부지(王夫之)의 설 207

    도(道)·태극(太極) – 변화 속의 변화하지 않는 것　208
    기독교적 일원론과의 차이　209
  3. 천인합일 사상　210
    자연과 인간　210
    하늘과 땅을 모델로　212
    역과 자연의 관계　214
    '자연에 따른다'는 윤리관　215
    아버지로서의 자연, 어머니로서의 자연　217
    도가와 유가를 이어주는 것　218
    중국인의 운명관　220
    천인합일의 전통　223
    인간중심의 사상　224

부록
1. 『역경』 명언집 ——————————————— 229
2. 점을 치는 언어 64괘 ———————————— 239

저자후기　251

서장
점서(占筮)와 의리(義理)

『역(易)』의 두 얼굴

『역경(易經)』즉 『역(易)』은 점을 치는 책이다. '역(易)'이라는 말을 들으면, 우리는 곧바로 8괘 모양의 장막을 늘어뜨린 채 길가에 앉아 점을 치는 사람의 모습을 떠올리게 된다. 그런 사람에게 "역이란 정말 맞는 것입니까?"라고 물어보면, "맞는 것도 8괘이고 맞지 않는 것도 8괘입니다"라는 아리송한 대답만 듣게 된다. 이처럼 『역』은 '점을 치는 책'으로서 오늘날에도 여전히 살아 있는 것이다.

그러나 『역』은 또한 사상의 책, 철학의 책이기도 하다. 이같은 면은 '점을 치는 책'으로서의 성격에 비하면 일반에는 별로 알려져 있지 않다. 어쨌든 『역』은 이른바 오경(五經)[1]의 하나로서, 유교의 중요한 경전 가운데 하나였다. 더구나 여러 경전들 중에서도 가장 심원한 철학을 담고 있는 것으로 여겨져 왔다. 그런 만큼 중국철학의 역사는 『역』에 대한 해석을 둘러싸고 전개되었다고 해도 지나친 말이 아니다. 『역』에 보이는 사상은 오랜 기간에 걸쳐 중국인들의 공감을 불러일으켜 왔는데, 이는 『역』이 중국인들의 사고방식을 가장 전형적으로 표현한 것으로 여겨졌기 때문이다. 중국사상의 성격을 생각하거나 그 역사를 이야기할 때도 『역』은 정말로 중요한 책이다.

『역』의 이러한 두 가지 성격은 전통적인 표현에 따르면, 점서(占筮)와 의리(義理)라는 말로 거론되어 왔다.

---

* 이 책에서는 저자의 주석인 경우에만 '지은이'로 표시했다. 그 외의 주석은 모두 역자의 주석이다.
** 본문과 인용문에서 괄호 안에 보충설명한 부분이 있는데, 그 중에는 역자가 보충설명한 부분도 있으나 필요한 경우 외에는 '옮긴이'라고 표시하지 않았다.
1) 『詩經』, 『書經』, 『易經』, 『禮記』, 『春秋』.

'점서(占筮)'에서의 점(占)은 물론 점을 치는 것을 뜻하고, 서(筮)는 서죽(筮竹)의 서(筮)로서 점을 칠 때 사용하는 시초풀[蓍]을 가리키는데, 이는 또 시초풀을 사용하여 점을 치는 행위 자체를 뜻하기도 한다. 즉, '점서(占筮)'라는 말은 『역』에 의거하여 점을 치는 것을 뜻한다. 그리고 여기에서 '의리(義理)'라는 말은 우리가 일상생활에서 흔히 쓰는 '의리인정(義理人情)'이라거나 '경박한 세태 속의 의리'라는 의미는 아니다. 의리(義理)의 본래 의미는 훨씬 철학적인 것이었다. '의(義)'는 의의(意義)라든가 의미(意味)를, '이(理)'는 도리(道理)라든가 원리(原理)를 뜻하는 말로, 요컨대 '의리(義理)'란 일체 사물의 존재이유나 사물의 이치[事理], 원리(原理)를 가리킨다. 이런 면에서 주자학과 같은 유교철학을 '의리의 학[義理之學]'이라고도 한다. 『역』을 '의리의 책'으로 여기는 것은 곧 그것을 사상의 책으로 인정한다는 뜻이 된다.

점서(占筮) 즉 점을 치는 책으로서의 『역』은 점을 치는 행위[Divination]의 본질로서 당연히 신비(Divine)와 관련을 맺게 된다. 서(筮)라는 글자가 신(神)과 인간을 매개하는 무(巫)와 연관된 문자라는 것도 그것을 말해준다. 인간이 어떤 판단을 내리기 어려울 때, 인간의 능력을 넘어선 어떤 힘에 의지하여 문제를 해결하려는 것이 바로 점(占)이기 때문에, 거기에는 인간을 초월한 어떤 힘에 대한 신앙이 요청된다. 그러나 의리 즉 사상의 책으로 이해될 때, 『역』은 거기에 씌어진 것에 대한 해석과 음미를 통해 현실세계의 의미를 추구하는 인간적 이성의 활동대상이 된다. 인간을 초월한 신비와 관련되는 성격, 그리고 인간적 이성과 관련되는 성격―『역』은 이같은 두 개의 얼굴을 가지고 있다. 그리고 이 두 개의 얼굴은 결코 하나로 합쳐지지는 않지만, 서로 미묘하게 연관되어 있다. 역이 흥미를 끄는 이유는 바로 여기에 있다.

주된 관심은 인간의 삶의 방식

생각해보면, 역의 점과 역의 철학은 어디까지나 인간의 삶의 방식에 주된 관심을 두기 때문에, 이 두 가지가 각각 별개의 것을 추구하는 것은 아니다. 그런 면에서 점서는 『역』이 갖고 있는 의리의 책으로서의 성격에 힘입어 합리적으로 설명될 수 있다. 그렇게 함으로써 점서는 신비 쪽으로 기울기보다는 오히려 좀더 합리적인 해석 쪽으로 향하게 된다. 적어도 점을 치는 당사자에게는 그렇게 의식된다. 역의 점이 그 밖의 다양한 점치는 방법[占法]들, 이를테면 관상(觀相), 풍수(風水), 지리(地理) 같은 것이나 주술적인 것들에 비해 좀더 차원이 높다고 생각되어 온 것은 바로 이 때문이었다. 역의 철학적 측면도 마찬가지이다. 역의 철학적 측면은 배후에 점서라는 신비적인 기술을 갖추고, 그것에 의해 어떤 실질적 효과를 가져옴으로써 더욱 심원한 것이 되어, 인생철학으로서의 깊은 묘미를 가진 것으로 인식되었다.

정말로 기묘한 결합이다. 바로 이 때문에 역에 대한 해석은 오랜 역사를 통해 점서와 의리 사이를 오락가락해 왔다. 합리주의적인 역학자는 점서 쪽을 부정하지는 않지만 매우 경시하여, 『역』은 점을 치는 것이라기보다는 여러 번 읽고 깊이 음미함으로써 그 진의를 파악해야 하는 것이라고 생각했다. 북송의 정이천(程伊川)[2]이 이러한 주장을 견지하는 대표적 역학자이다. 그러나 정이천의 생각은 얼마 뒤 남송의 주자(朱子)에 의해 수정된다. 『역』은 본래 점을 치는 책이었기 때문에, 그러한 면을 무시한 채 해석하는 것은 인정할 수 없다는 입장이다.

---

2) 그가 1099년에 쓴 『易傳』 서문 참조.

이같은 주자의 해석[『周易本義』]에 의해 점서의 책으로서의 성격은 더욱 강화되었다. 순수한 점서가(占筮家)[3]는 『역』을 점치는 책으로서만 인정하려 한다.

그러나 사실은 의리와 점서의 양면을 함께 갖추고 있다는 것이 오늘날에 전해진 『역』의 내용이다. 발생의 순서로 말한다면, 물론 소박하고 신비한 점치기 쪽이 먼저였을 것이다. 그러다가 인간의 지혜가 발달함에 따라 거기에 합리적인 해석이 덧붙여져, 마침내 하나의 철학을 형성하게 되었다고 보는 것이 옳다. 이에 대해서는 뒤에서 자세히 설명하겠지만, 중요한 것은 오늘에 이르기까지 오랜 기간 (점서와 의리가) 하나로 통합·전승되어 온 이 책의 전체적 성격이라고 생각된다.

평상시의 점치기와 비상시의 점치기

사실 『역』「계사전(繫辭傳)」에는 다음과 같은 말이 있다.

군자 즉 이상적인 신사는 평소에 아무 일도 없을 때는, 역의 괘(卦)의 상징적인 의미를 생각하여 거기에 드러나 있는 문장[文辭]을 완미(玩味)한다. 그러나 일이 생겼을 때는, 역의 변화를 찾아 그 점(占)의 결과를 완미한다.[4]

문장을 완미하는 것과 점을 완미하는 것 — 그것은 곧 의리(義理)와 점

---

3) 일반적인 점술가와는 달리, 서죽(筮竹)을 갈라서 『역(易)』에 근거하여 점을 치는 사람을 점서가라 한다.
4) 『周易』,「繫辭上傳」. "是故君子居則觀其象而玩其辭, 動則觀其變而玩其占."
  * 인용문의 원문 참조를 위해 原典의 해당 부분을 각주에 붙였다. 이하 동일.

서(占筮)를 의미한다. 『역』의 사용법으로서 이 두 가지가 아주 오래 전부터 있었음을 알 수 있다. 어떤 큰 사건이 발생해서 모종의 결단을 내려야 할 때는 점서에 의지한다. 그러나 평상시에는 『역』의 문장을 완미하여 인생의 의미를 생각하고 자기자신의 삶의 방식을 생각한다. 이것이 이상적인 태도라고 여겨졌던 것이다.

이러한 사고방식은 현대인들에게도 어느 정도 받아들여질 수 있을 것이다. 점을 친다는 것에 대해 어떤 태도를 취할지는 분명 사람에 따라 다양할 것이다. 현대인들은 점을 치는 행위를 특별한 경우의 일로 여기면서, 일반적으로는 인간적인 사색을 강조하는 경향을 보인다. 특히 지식인들 사이에서 역의 점을 무조건 믿는다는 것은 아마도 쉽게 받아들여지지 않을 것이다.

여기에서 "역을 잘 하는 사람은 점을 치지 않는다"5)는 『순자(荀子)』에 있는 말을 생각해보자. 역에 대해 충분히 학습한 사람은 점서를 할 필요가 없다. 다시 말해서, 시초풀[蓍]을 나눈 결과에 의해 괘(卦)를 그려내는 신비적인 기술을 행하지 않아도 그것과 똑같은 효과를 기대할 수 있기 때문이다. 물론 그것은 점서의 경험을 충분히 쌓아 여러 가지 경우에 대응하는 역의 해답을 숙지한 후에야 가능한 일이다. 그러나 점을 치지 않고서도 안다는 것은 직접 『역』이라는 책으로부터 현실적인 의미를 알아낼 수 있다는 뜻으로, 바로 『역』을 의리의 책으로 간주하는 입장이다. 이는 합리주의적인 지식인들의 구미에 맞는 사고방식일 것이다.

『순자(荀子)』에서 말하는 것과 같은 경지에 도달하기는 쉽지 않다고

---

5) 『荀子』, 大略篇. "善爲易者不占."

하지만, 우리들도 어느 정도까지는 실현 가능하다.『역』의 전체적인 구성을 알고 각각의 괘의 의미를 이해하여 자신이 처한 당시의 상황을 거기에 적용시켜 생각하면 점을 치지 않아도 알 수 있다는 것이 어느 정도까지는 가능하다. 이 방법은 말하자면 '자력(自力)'의 방식이다.

불교에 '자력(自力)'과 '타력(他力)'이라는 말이 있음은 잘 알려져 있다. 정토종(淨土宗)에서처럼 '나를 버리고 아미타불(阿彌陀佛)의 도움으로 구원을 받는다'는 '타력'과, 선종(禪宗)에서처럼 '좌선이라는 수행에 의해 자신 속에서 부처를 발견한다'는 '자력'이 있다. 점서에 의하지 않고 스스로 사색하는 태도가 바로 이 '자력'에 해당할 것이다. 그러나 인간은 무상한 존재이다. 모르는 것이 너무나 많고 또 스스로가 무력하다고 자각될 때, 인간은 '타력'으로 향하게 된다.『역』에 있어서 점서는 이런 의미에서도 부정될 수 없는 것이다.

대체로 인간에게 미혹이나 의혹은 본질적인 것이라 할 수 있다. 깨달음을 이룬 비범한 사람은 예외로 하더라도, 일반적으로 미혹이나 의혹이 전혀 없는 인생이란 사실 참다운 인생이 아니라고까지 말할 수 있다. 그리고 깨달음도 어떤 커다란 의문에 맞닥뜨려 그것을 돌파한 뒤에야 비로소 이루어지는 것이다. 미혹이나 의혹이 생기지 않는 것은 목숨을 건 승부와 같은 진정한 의미의 세상살이를 하지 않고 있다는 증거라고까지 말하는 사상가도 있다.6) 사실 대부분의 서민들은 일상의 평안함과 무사함에 젖어 특별한 생각 없이 하루하루를 살아가게 된다.

그러나 아무리 평범한 인생일지라도 나름대로 일상의 하찮은 일들에

---

6) 『近思錄』, 卷2 爲學類 "의혹을 알지 못하는 사람은, 실제의 수양[修爲] 공부를 할 수 없다. 실제의 수양 공부를 하려면 모름지기 의혹이 있어야 한다.(不知疑者, 只是不便實作. 旣實作, 則須有疑.)"

대한 미혹은 있게 마련이다. 보통사람이기 때문에 갖게 되는 의혹도 있다. 하찮은 일에 구애받아 미혹되는 것은 시시한 사람들의 행태라고 생각할는지 모르지만, 그 문제가 과연 하찮은 것인지 중요한 것인지는 당사자로서는 판단하기가 매우 어렵다. 아무리 하찮은 미혹일지라도 당사자에게는 정말로 중요한 것일 수 있다. 인간은 이러한 미혹으로부터 벗어나기 위해 무엇을 할 수 있을까?

인간이 스스로 무력함을 느낄 때

일상에서 흔히 일어나지만 우리가 잘 모른 채 그냥 지나치는 예를 들어보자. 오늘 날씨는 어떨까? 일기예보에는 오후에 비가 온다지만 요즘의 예보는 빗나가기 일쑤다. 아침 하늘을 보니 비가 올 것 같지는 않다. 우산을 가져갈까? 가져가면 그만이지만, 비가 안 오면 저번처럼 귀갓길에 깜박 잊어버리고 올 수도 있다. 이런 경우에 결국 필요한 것은 결단이다. 그 결단을 내리기 위한 단초로서, 우리는 곧잘 하나의 게임을 시도해본다. 호주머니에 있는 동전을 꺼내 위로 던져보고는, 손바닥에 떨어진 동전이 앞면이냐 뒷면이냐에 따라 어느 한쪽을 결정한다. 앞면이면 우산을 가져가고, 뒷면이면 안 가져간다. 누구나 이런 식의 결단을 시도한 경험은 있을 것이다.

그런데 이것은 확실히 하나의 게임에 지나지 않는다. 어느 쪽으로 결정되든 대수롭지 않기 때문에 기분도 즐겁다. 미혹의 내용이 점점 심각해지면, 인간은 그처럼 간단한 게임으로 대응하지는 않을 것이다. 인간은 모든 경험과 과학지식을 동원하여 그 해결을 도모할 것이다. 그러나 결국 어떤 식으로든 결정하기가 어렵고, 더구나 어느 쪽으로든 행동을 할 수밖에 없을 때에는 역시 결단의 단초로 삼을 만한 무엇인가를 찾게 된다. 앞에서 말한 게임을 시도하는 심정의 밑바닥에는 결정하기 어려운 판단을 우연이라는 '타력'에 의해 결정하려는 마음이 숨어 있다. 또한 인간 자신의 능력으로는 어떻게 할 수 없는 막다른 골목으로 몰리는 경우도 생길 수 있다. 이럴 때 인간은 좀더 분명하게 '타력'에 의지하는 모습을 보이기도 한다.

역에 의거해 점을 치는 방식은 광대한 우주의 섭리에 따른 것이라고 여겨지고 있다. 이는 인간을 아주 미미하고 유한한 존재로 보는 사고에서 비롯된 것이다. 고대 중국에는, 중국이라는 세계는 사실 전세계의 81분의 1에 지나지 않는다고 주장한 사상가가 있었다.[7] 또한 이 인간세계에서의 전쟁에 대해 '달팽이의 더듬이 위에서 벌이는 싸움처럼 하찮은 것[蝸牛角上之爭]'이라고 말한 사상가도 있었다.[8] 인간의 행위는 광대한 우주의 규모에서 생각하면 정말로 보잘것없다. 우리가 살고 있는 지구는 은하계 중에서도 태양계에 속하는 하나의 혹성에 지나지 않지만, 이 은하계의 바깥쪽에는 은하계와 같은 크기의 성운이 아마도 천억 개는 존재할 것으로 생각되고 있다. 참으로 정신이 아찔해질 정도의 넓이다.

달에 도달한 인간의 지혜는 대단히 훌륭한 것이지만, 그렇다고 자만해서는 안 된다. 우주의 규모에서 생각해보면, 인간의 달 정복은 그저 옆집에 놀러간 것에 불과하기 때문이다. 인간에게는 미지의 것들이 너

---

7) 전국시대의 음양가 鄒衍의 大地理說 – 지은이
　　『史記』, 孟子荀卿列傳. "以爲儒者所謂中國者, 於天下乃八十一分居其一分耳."
8) 『莊子』, 則陽篇에 보이는 우화. – 지은이

무나 많다. 우주의 규모만 하더라도 그 넓이가 어디까지인지는 거의 밝혀져 있지 않다. 더구나 무수한 성운으로 이루어진 이 우주는 점점 팽창하고 있다고 한다. 그렇게 먼 데까지 가지 않더라도, 과연 인간은 자기 주변의 문제에 대해서만큼은 충분히 알고 있다고 말할 수 있을까?

인간으로서는 어찌할 수 없는 것, 즉 인간의 현재의 능력을 초월해 있는 것들도 적지 않다. 인간에게 불가능은 없다는 따위의 위세 좋은 말은 현실을 있는 그대로 설명한 것은 아니다. 구체적인 한 개인에 대해 생각해보면, 그 능력의 한계는 더욱 분명해질 것이다. 이것은 인간 역시 하나의 생물로서 언젠가는 죽을 수밖에 없는 존재임을 생각하는 것만으로도 명백하다. 우리는 미처 예상하지 못한 뜻밖의 불행에 빠지기도 하고, 이유 없이 건강에 대한 불안에 시달리기도 한다. 그리고 이럴 때면 으레 '운명'이라는 말을 떠올리게 된다.

점서(占筮)는 이와 같이 유한한 인간의 한계상황하에서 인간의 존재 의미를 분명히 해준다. 그래서 인간은 합리주의적인 사고와는 어울리지 않게 신비한 것에도 이끌리게 되는 것이다. 문명이 발달한 오늘날의 사회에서도 점(占)을 믿는 사람이 없어지지 않는 것은 바로 이 때문이리라.

이 책을 점쳐본다

요즈음에는 또 점을 치는 것을 드러내놓고 즐기는 풍조도 있다. 그것을 믿느냐 믿지 않느냐는 것은 심각한 문제가 아니며, 마치 일종의 도박처럼 받아들여지고 있다. 앞에서 말한 동전 게임도 마찬가지다. 이런 식의 점치기는 역을 모독하는 것이라면서 분노하는 사람도 있을지 모르겠다. 역은 성인(聖人)이 만든 것이라고 믿어온 옛날 사람들로서는 당연히 그럴 것이다. 그러나 이같은 태도에 대해 지나치게 민감할 필요는 없다. 무엇인가 결단의 단초가 된다면, 그것은 나름대로 훌륭한 점법(占法)이 아닐까. 역의 철학을 어떻게 생각하는가는 개개인에 따라 다르게 마련인 것처럼, 역의 점을 어떻게 받아들이는가도 사람에 따라 차이가 있을 것이다.

나도 점을 한번 쳐보려고 한다. 역에 관한 나의 집필작업이 무리없게 진척되어 훌륭한 성과를 거둘 수 있을까? 천천히 서죽(筮竹)을 손에 끼고 점을 쳐본 결과 아래가 ☴손(巽), 위가 ☳진(震)인 ䷟항괘(恒卦)를 얻었다. 항(恒)이란 항구(恒久) 즉 언제까지나 변하지 않고 계속된다는 의미다. 이에 대해 판단을 내린 말[彖辭]을 보면,

> 항(恒)은 형통하다, 허물이 없다. 바르게 행동하면 이롭다, 어딘가로 나가면 이롭다.[9]

'형통하다'는 것은 일이 순조롭게 진행된다는 뜻이다. 그래서 '허물이 없다'는 것이고 별다른 장애도 없다. 다만 올바르고 성실하게 해야 좋다. 언제든 집필을 시작해도 좋다. 점을 쳐본 결과는 그다지 나쁘지 않다. 그저 처음에 계획한 대로 끈기 있고 성실하게 하면 된다는 것이다.

『역』의 내용이 점서(占筮)와 의리(義理)의 양면을 함께 갖추고 있기 때문에, 역을 이야기할 경우에는 당연히 이 양면을 언급하지 않으면 안

---

9) 『周易』, 「下經」, 恒 "恒, 亨, 无咎. 利貞, 利有攸往."

된다. 먼저 점을 치는 것에서부터 이야기를 진행시키고 싶지만, 그러기 위해서는 역의 전체적인 구성에 대한 대강의 줄거리를 살펴볼 필요가 있다. 그래서 오늘날 전해진 『역』이라는 책은 그 전체구조가 어떠한 원리에 따라 구성되어 있는지를 생각해보고, 아울러 역에 사용되고 있는 특수한 술어들을 조사해보는 것으로부터 시작하고자 한다.

1
역(易)의 구성

1. 8괘와 64괘

8괘가 기초가 되다

역의 전체는 64개의 괘(卦)로 이루어져 있다. 사실『역』이라는 책-『주역(周易)』혹은『역경(易經)』이라고도 한다-의 내용은 대부분 64괘에 대한 설명이다. 점(占)은 이 64괘에 의해 행해진다. 그런데 이 64종류의 괘의 형태는 8괘를 기초로 해서 이루어지며, 8괘는 결국 '－'으로 표시되는 양성(陽性) 기호와 '--'으로 표시되는 음성(陰性) 기호의 조합이다.

그래서 역의 구성은 먼저 － 과 -- 라는 두 가지 기호로부터 시작되는데, 이 기호가 본래 무엇을 의미했을까 하는 문제에 대해서는 오늘날까지도 제대로 설명하지 못하고 있다. 중국의 곽말약(郭沫若)은 그 두 가지 기호를 '고대의 생식기 숭배의 표현'으로 보면서 남녀의 생식기를 상징하는 것이라고 했고,1) 일본의 타케우찌 요시오(武內義雄) 박사는 거북의 갑라(甲羅)2)를 불에 태워 점을 칠 때 금이 생기는 모양을 형상화한 것이 아닐까라고 했다.3) 뒤에서 자세히 설명하겠지만, 역의 구성은 수(數)의 관념과도 관계가 깊다. 그러니까 이 기호는 1과 2, 즉 기수(奇數, 홀수)와 우수(偶數, 짝수)를 나타낸 것이라고도 볼 수 있다. 그렇다면 기수(홀수)를 양(陽)으로, 우수(짝수)를 음(陰)으로 보는 역의 입장과도 일치한다. 그러나 이것도 한낱 상상에 지나지 않는다. 어쨌든 이 두 가지

---

1) 郭沫若,『古代社會』.-지은이
2) 거북 복부의 딱딱한 부위. 腹甲, 甲殼이라고도 한다.
3) 武內義雄,『易と中庸の研究』.-지은이

기호는 양의 강함[陽剛]과 음의 부드러움[陰柔]이라는 반대의 성질을 표현한 것이다.

이제 이 두 가지 기호(─, --)를 하나씩 사용한 두 개의 조합을 생각해 보면, 네 가지의 변화($2^2=4$, 즉 ═, ═, ═, ═)가 생긴다. 이것에다 다시 하나를 더해 3획이 되면, 이번에는 여덟 가지의 변화($2^3=8$, 즉 ☰, ☱, ☲, ☳, ☴, ☵, ☶, ☷)가 이루어진다. 이것을 이른바 8괘라고 하는데, 여기에서 비로소 괘로서의 의미가 생겨 64괘의 기초가 정해진다. 이를 그림으로 나타내보면 아래와 같다.

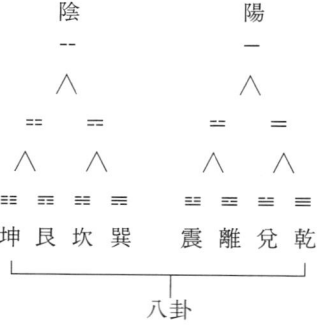

두 가지 기호(─, --)로 3획을 그리면, 그 조합의 형태가 여덟 가지가 된다는 사실은 수학적으로도 증명된다($2^3=8$). 그런데 왜 역은 이 8괘를 기초로 해서 만들어졌을까? '8'이라는 숫자에 어떤 특별한 의미가 있어서 그랬을까, 아니면 3획의 '3'에 무슨 의미가 있어서 그렇게 된 것일까? 그리고 이 양쪽 모두일까? 어쨌든 이 8괘를 기본으로 해서 역이 성립되었다. 다시 말하면 괘는 3획이 되어야 비로소 성립되며, 여기서 비로소 괘로서의 의미가 생기는 것이다.

괘상(卦象)과 괘덕(卦德)[4]

괘에 의해 표현된 의미를 '괘상(卦象)'이라 한다. "8괘가 완성됨으로써 비로소 거기에 상(象)이 부여된다"[5]고 한다. 역은 성인(聖人)이 세계의 모양을 관찰하여 그것을 괘의 형태로 상징화한 것[6]이라는 설이 예로부터 전해왔기 때문이다. 그렇다면 8괘의 상징[象]은 무엇을 가리킬까? 그에 대한 자세한 내용은 『역』의 「설괘전(說卦傳)」에 보인다.

8괘의 상징으로 생각되는 것은 다양하다. 그러나 그 중에서 가장 중요하게 여겨지는 것은 하늘(天)과 땅(地) 등의 자연현상이다. 인간의 경우에는 아버지(父), 어머니(母) 등으로 나타내지거나 신체의 일부분에 배당되기도 하며, 가축을 포함하는 새(鳥)와 짐승(獸)의 이름 등으로도 표현되기도 하는데, 역의 전체에서 가장 깊은 관계가 있는 것은 역시 자연현상이다. 왜냐하면 역의 사상은 인간사(人間事)의 모델을 자연에 의지하는 입장이 강하기 때문이다. 이 문제는 뒤에서 다시 설명할 것이다.

또한 8괘에는 이같은 구체적 사물과는 별도로 특수한 여덟 가지 성질이 배당되어 있다. 예를 들어 건(乾)괘에는 '건(健)'의 성질이, 곤(坤)괘에는 '순(順)'의 성질이 있다는 것이다. 이러한 특징들이 바로 괘덕(卦德)인데, 이는 괘상과는 구별해서 생각해야 한다. 8괘의 상징[象]과 8괘의 특징[德]을 일반적인 순서에 따라 그 주요한 것만을 나열하면 다음과 같다.

---

4) 괘상은 괘의 의미나 상징을, 괘덕은 괘의 성질, 특징, 활동을 뜻한다.
5) 『周易』, 「繫辭下傳」. "八卦成列, 象在其中矣."
6) 『周易』, 「繫辭下傳」. "古者包犧氏之王天下也, 仰則觀象於天, 俯則觀法於地, 觀鳥獸之文與地之宜. 近取諸身, 遠取諸物, 於是始作八卦. 以通神明之德, 以類萬物之情."

卦名	卦象				卦德
	自然現象	人間	身體	鳥獸	
건乾(☰)	天	父(君)	首	馬	健
곤坤(☷)	地	母	腹	牛	順
진震(☳)	雷	長男	足	龍	動
손巽(☴)	風·木	長女	股	鷄	入
감坎(☵)	水·雨·雲·泉	中男	耳	豕	險(陷)
리離(☲)	火·日·電	中女	目	雉	麗
간艮(☶)	山	少男	手	狗	止
태兌(☱)	澤	少女	口	羊	說

8괘는 또 방위(方位)에도 배당된다. 이 역시 「설괘전」에 보이는데, '팔괘방위(八卦方位)'라 하여 아래와 같은 그림으로 표현되는 것이 보통이다.

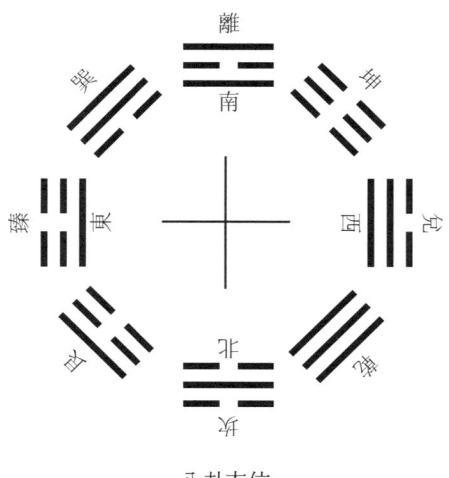

八卦方位

이들 하나하나에 관해서 왜 그렇게 배당되는 것인지를 충분하게 설명하기는 어렵다. 다만 건(乾)·곤(坤)을 각각 천(天)·지(地)나 부(父)·모(母)

에 배당한 것은 비교적 이해하기 쉬울 것이다. 건(乾)은 양의 성질[陽性]의 대표이고, 곤(坤)은 음의 성질[陰性]의 대표이기 때문이다. 또한 괘덕을 표현한 건(健)·순(順) 등의 여덟 가지 배당은 건·곤 등의 8괘의 명칭과 관계가 있다고 생각할 수 있다.

건(乾)·곤(坤)은 별개로 하더라도, 진(震)에 동(動)을, 손(巽)에 입(入)을, 감(坎)에 함(陷)을, 리(離)에 려(麗)를, 간(艮)에 지(止)를, 태(兌)에 열(說[悅])을 배당한 것은 모두 각각의 괘 이름[卦名]에 쓰인 문자의 의미와 관계가 있다. 그래서 후세에는 건(乾)·곤(坤) 등의 괘명은 괘의 본체를 표현한 것이고, 건(健)·순(順)·동(動)·입(入) 등은 괘의 작용을 표현한 것이라는 설명도 있었다.

8괘는 고대문자인가

그런데 8괘의 기호는 본래 점을 치는 것과는 아무 관련이 없는 고대문자였다는 학설이 있다. 이에 따르면, 괘상(卦象)이나 괘덕(卦德)으로 표현된 것은 본래 그 문자의 의미였다는 것이다. 이 학설은 『역』「계사전(繫辭傳)」의 기록에 근거한다. 거기에는 "아주 먼 옛날 포희(包犧)[7]라는 황제가 하늘과 땅에서 모범을 취하고 조수(鳥獸)의 무늬와 대지(大地)의 줄[線]을 관찰하여 8괘를 만들고, 그것에 따라 하늘과 땅의 신령[神明]의 덕을 통해 만물의 모양[情]을 만들어냈다"[8]고 적혀 있고, 또 "먼 옛날에는 새끼줄[繩]을 엮은 기호만으로도 잘 다스려졌으나, 후세의

---

7) 伏犧, 伏羲라고도 쓴다.
8) 주 6) 참조.

성인은 서계(書契)를 고안해내어 이것으로 바꾸었다"⁹⁾는 말도 보인다. 이 서계, 즉 문자가 만들어지기 전에 새끼줄을 엮은 이른바 '결승(結繩)'의 기호가 있었다는 학설은 후한(後漢)의 『설문해자(說文解字)』 서문에도 보이는 것처럼, 한자(漢字)의 역사에서는 상당히 보편적으로 받아들여지고 있다. 그래서 복희(伏犧)가 8괘를 만들었다는 전설을 이 결승(結繩)과 연관지어 설명하거나, 혹은 결승에 이어지는 것으로서 문자의 역사 속에 집어넣어 설명하기도 한다.

그러나 이 고대문자설은 아무래도 성립되기가 어렵다. 오늘날 남아 있는 가장 오래된 한자는 은(殷)나라 유적에서 발굴된 이른바 갑골문인데, 그것 이전에 이미 그 원형으로서 고대문자가 있었다고 하더라도 그것이 곧 8괘일 가능성은 매우 희박하다. 그 이유는 8괘가 문자라고 한다면, 그 구성요소인 —, -- 의 1획과 이 두 가지를 조합한 2획의 네 가지 (⚌, ⚍, ⚎, ⚏)도 당연히 문자로서의 기능을 가지고 있어야 할 텐데, 이것들(—, --, ⚌, ⚍, ⚎, ⚏)에는 8괘와 같은 확실한 의미는 없다. 즉, 문자로서의 흔적은 희박하다. 앞에서 8괘가 되어서야 비로소 괘상(卦象)이 만들어졌다고 말한 것도 바로 이 때문이다. 더구나 갑골문의 원형이라면 그 형태와의 연계성도 상상해볼 만한데, 이런 면에서도 갑골문과 8괘의 형태는 완전히 다르다. 8괘는 어디까지나 특수한 목적을 위해 만들어진 기호이고, 그 목적은 바로 점을 치는 데 있었다고 해야 할 것이다.

---

9) 『周易』, 「繫辭下傳」. "上古結繩而治, 後世聖人易之以書契."

64괘의 성립

8괘의 성립과 그것이 역의 전체에서 차지하는 중요한 의미를 생각해 볼 때, 아마도 8괘만으로 점을 쳤던 단계가 있었음에 틀림없다. 다만 언제부터인지 8괘만으로는 너무 단순하다는 생각이 들었을 것이다. 그리하여 3획으로 된 괘(卦)를 두 개씩 겹쳐 6획으로 만든 다음, 8괘의 제곱으로 64괘를 만듦으로써 비로소 전체의 구성이 생각되기에 이르렀던 것이다. 이를 중괘(重卦), 즉 괘를 겹친 것이라고 한다.

중괘에 의해 얻어진 64괘의 형태를 괘명과 함께 오늘날의 『역』의 순서(이 책에서는 왼쪽에서 오른쪽으로)에 따라 나열하면 다음과 같다.

乾	坤	水雷屯	山水蒙	水天需	天水訟
地水師	地水比	風天小畜	天澤履	地天泰	天地否
天火同人	火天大有	地山謙	雷地豫	澤雷隨	山風蠱
地澤臨	風地觀	火雷噬嗑	山火賁	山地剝	地雷復
天雷无妄	山天大畜	山雷頤	澤風大過	坎	離

䷞	䷟	䷠	䷡	䷢	䷣
澤山咸	雷風恒	天山遯	雷天大壯	火天晉	地火明夷

䷤	䷥	䷦	䷧	䷨	䷩
風火家人	火澤睽	水山蹇	雷水解	山澤損	風雷益

䷪	䷫	䷬	䷭	䷮	䷯
澤天夬	天風姤	澤地萃	地風升	澤水困	水風井

䷰	䷱	䷲	䷳	䷴	䷵
澤火革	火風鼎	震	艮	風山漸	雷澤歸妹

䷶	䷷	䷸	䷹	䷺	䷻
雷火豊	火山旅	巽	兌	風水渙	水澤節

䷼	䷽	䷾	䷿		
風澤中孚	雷山小過	水火旣濟	火水未濟		

이상 64괘는 6획으로 되었지만, 3획으로 된 8괘의 의미가 완전히 없어지는 것은 아니다. 6획을 둘로 나누어 아래의 3획을 안괘[內卦]라 하고, 위의 3획을 바깥괘[外卦]라 하여 구별하고 있는데,[10] 이것은 64괘가 8괘를 두 개씩 조합하여 얻어진 결과임을 분명하게 알려준다. 64괘 각각의 괘의 의미를 그 안짝과 바깥짝[內外]의 8괘의 의미와 관련시켜 설

---

10) 안괘는 '안짝', 바깥괘는 '바깥짝'이라고도 한다.

명하는 입장이 「단전(彖傳)」과 「상전(象傳)」에 보이는데, 그것 역시 8괘를 겹쳤다는 의식의 표현이다. 위에서 괘명 위에 적혀 있는 두 글자는 그 괘를 구성하는 8괘의 상징[象]을 나타낸다.

그 조합방식을 확실하게 이해할 수 있도록 64괘를 다시 나열해보면 다음과 같다.

	乾上	坤上	震上	巽上	坎上	離上	艮上	兌上
乾下	乾	泰	大壯	小畜	需	大有	大畜	夬
坤下	否	坤	豫	觀	比	晉	剝	萃
震下	无妄	復	震	益	屯	噬嗑	頤	隨
巽下	姤	升	恒	巽	井	鼎	蠱	大過
坎下	訟	師	解	渙	坎	未濟	蒙	困
離下	同人	明夷	豐	家人	旣濟	離	賁	革
艮下	遯	謙	小過	漸	蹇	旅	艮	咸

| 兌下 | ䷉履 | ䷒臨 | ䷵歸妹 | ䷼中孚 | ䷻節 | ䷾睽 | ䷨損 | ䷹兌 |

64괘의 순서에 담긴 의미

이제 중괘(重卦)의 의미는 확실해졌을 것으로 믿는다. 예를 들어 제1행의 비(否)괘는 '곤이 아래에 건이 위에 있는 괘[坤下乾上卦]'이고, 무망(无妄)괘는 '진이 아래에 건이 위에 있는 괘[震下乾上卦]'라고 하듯이, 모두가 위아래(上下, 바깥짝과 안짝)의 괘명에 의해 불리기도 한다.

다만 앞에서도 보았듯이, 오늘날의 『역』의 순서에서는 이와 같이 알기 쉬운 형태로 나열되어 있지는 않다. 이는 오늘날의 순서에 나름대로의 특별한 의미가 있기 때문일 것이다. 이 64괘의 순서의 의미를 설명한 것이 바로 『역』「서괘전(序卦傳)」인데, 그곳의 설명에는 억지로 끌어다 붙인 것들도 있어서 충분히 이해할 수 없는 측면도 있다. 그러나 위의 표를 주의 깊게 살펴보면, 건(乾, ☰)과 그 다음의 곤(坤, ☷)은 괘의 형태가 전부 양으로 된 것[純陽]과 전부 음으로 된 것[純陰]으로 완전히 반대가 되고, 다음의 둔(屯, ☳)과 몽(蒙, ☶)에서는 전체를 위아래로 완전히 바꿔놓은 형태로 대응하고 있음을 알 수 있다. 즉, 두 괘씩이 반대의 형태로 한 조가 되어 서로 마주하고[對] 있는 것이다. 바로 여기에 역의 철학으로서의 홍미진진한 문제가 들어 있는데, 이에 대해서는 뒤에 다시 살펴보기로 하자. 어쨌든 64괘의 순서에 어떤 특별한 의미가 있다는 것은 상상할 수 있으리라.

384효

　64괘는 8괘를 겹쳐서 '유추해낸' 것인 만큼 8괘의 경우와 마찬가지로 각각의 괘에 상징적인 의미가 있음은 말할 필요도 없다. 다만 8괘와 다른 것은 이 64괘에서 비로소 '효(爻)'라는 개념이 등장한다는 것이다. 「계사전」에는 앞에서 설명한 "8괘가 완성됨으로써 비로소 거기에 상(象)이 부여된다"[11]는 말 다음에 "그 8괘를 근거로 해서 이를 겹치면 거기에 효(爻)가 부여된다"[12]는 말이 나온다. 효(爻)라는 것은 ─ 와 -- 로 표시되는 하나하나의 획을 가리키는 명칭이다. 그것은 8괘의 경우에도 3획으로서 들어 있지만 그때는 효로서는 문제가 되지 않고, 64괘의 6획이 되어야 비로소 그 하나하나의 획을 효(爻)라고 부른다. 따라서 '6효'라는 호칭은 있어도 '3효'라는 말은 있을 수 없다. 이렇게 해서 효는 역의 전체에서는 64괘의 6배인 384효가 된다.
　이 '효'라는 개념은 과연 무엇일까?
　「계사전」에는 "효(爻)란 이것을 본받는 것[效]이다. 상(象)이란 이것을 본받는 것[像]이다. 효와 상이 안에서 움직이면 길흉이 밖으로 나타난다"[13]는 설명이 있다. 우선 효(爻)를 '본받는다[效]'로 풀이하는 것은 상(象)을 '본받는다[像]'로 풀이하는 것과 마찬가지로 '발음이 같은 문자는 의미도 같다'는 것에 의해 해석한 것이다.[14] 한자의 해석에는 이러한 것이 적지 않다. 그리고 이를 "효(爻)란 천하의 움직임을 본받는 것이다"

---

11) 『周易』, 「繫辭下傳」, "八卦成列, 象在其中矣. 因而重之, 爻在其中矣."
12) 위의 주 참조.
13) 『周易』, 「繫辭下傳」, "爻也者, 效此者也. 象也者, 像此者也. 爻象動乎內, 吉凶見乎外."
14) 이러한 한자해석법을 直音이라 한다.

라는 설명에 비추어 생각해보면, 그 의미는 더욱 분명해진다. 상(象)이 천하 만물을 상징하는 것이듯, 효(爻)는 천하 만물의 변동을 그려낸 것이다. 그리고 효는 상과 더불어 길흉을 점치는 데 도움이 되는 것으로 여겨지고 있다.

『역』은 '변화의 책'

여기에서 또 '변동'이나 '변화'라는 사고방식이 효와 결합되어 생기게 된다.

> 효란 변화를 말하는 것이다.(繫辭上傳)[15]
> 효란 천하의 움직임을 본받는 것이다.(繫辭下傳)[16]

라는 말들이 이를 잘 나타내주고 있다. 역이란 변역(變易)을 의미한다고도 여겨지는 것처럼, '역의 전체가 바로 변화다'라고 말할 수도 있다. 『역』이라는 책 이름은 영어로는 "The Book of Changes(변화의 책)"로 번역된다. 그러나 가장 한정된 의미에서의 변화는 '효의 변화[爻變]'로서 6효와 관련된다. 그것은 상(象)이 괘상(卦象)으로서 8괘와 관련되는 것과 대응한다. 그리고 이 양자(효와 괘)가 서로 도와줌으로써 점치는 일이 성립되는 것이다. 효가 동적인 것인 데 비해, 괘상은 정적인 것이라고 할 수 있다.

---

15) "爻也者, 言乎變者也."
16) "爻也者, 效天下之動者也."

6효의 명칭

6효는 아래로부터 위로 올라가며 순서대로 효를 읽는다. 아래의 3획의 괘를 안괘라 부르고, 위의 3획의 괘를 바깥괘라 부르는 것도 효를 읽는 방법과 관계가 있다. 6효의 각각의 위치를 '위(位)'라 하여 6효를 '6위'라 부르며, 그것을 아래로부터 초(初)·이(二)·삼(三)·사(四)·오(五)·상(上)이라 이름붙인다. 점을 치는 서법(筮法)에서 하나하나의 획을 만들어가는 것도 역시 이 순서에 따라 아래로부터 위로 위(位)를 채워간다. 흔히 위로부터 아래로 세는 쪽이 더 자연스러울 것으로 생각되지만, 바로 이것이 역의 특이한 점이다. 그리고 이 '아래로부터 위로'라는 순서는 역의 변혁의 사상과 관련하여 중요한 문제를 내포하고 있는데, 이에 대해서는 뒤에 다시 설명하기로 한다.

8괘가 64괘가 되고 거기에서 364효의 변화가 생긴다는 것은, 요컨대 역에 근거하여 점을 치는 방법이 8괘만으로 행하던 단계보다는 그만큼 복잡해졌음을 의미한다. 일반적으로 점을 치는 기술이 간단하면 간단할수록 그만큼 신뢰도가 낮아진다고 여겨지는 것은 여타 종교행사의 예와 마찬가지이다. 점을 치기 위한 역의 구성은 여기서 적당한 복잡성을 획득함으로써 우선 제1단계의 완성을 보게 된다.

그런데 이것만으로는 역시 불충분하다. 각각의 괘상(卦象)이나 효변(爻變)이 점(占)의 의미로서 무엇을 나타내고 있는가, 이 문제에 대해 조금은 이해하고 있다고 하더라도 다시 분명한 설명을 통해 자세히 알고 싶어하는 것은 자연스러운 욕구이다. 그러다 보니 각각의 괘와 효에 대해 설명하는 말들이 덧붙여지게 되었다. 괘사(卦辭)와 효사(爻辭)가 바로 그것이다. 이에 관해서는 다음 절에서 설명할 것이다. 복잡한 용어들이 많이 나와서 독자들로서는 다소 생소한 느낌을 가질지도 모르지만, 조금만 참아주기 바란다.

2. 점을 치는 언어 – 괘사와 효사

괘사 – 괘상의 설명

'괘사(卦辭)'는 하나의 괘 전체의 형태에 대해 해석한 말이다. 역은 64괘에 의해 성립되는 것이므로 괘사도 당연히 64개가 된다.

64괘의 각각의 괘가 세계의 만물을 상징하는 것으로 여겨지고 있으며, 이에 따라 각각의 괘에는 특별한 의미가 있어서 이를 상(象)이라 부른다는 것은 앞에서 이미 설명했다. 그리고 그 괘상(卦象)은 우선 건(乾)이라거나 곤(坤)과 같은 괘의 이름[卦名]으로 표현된다. 여기서부터 괘사가 시작되는 것이다. 따라서 괘사는 '그 괘의 전체 의미, 즉 괘상을 설명한 말'이라는 뜻이 된다. 그것은 괘명과 밀접하게 관련되는 경우도 있지만, 괘명과는 별개로 발전한 의미를 나타내는 경우도 있다. 몇 가지 예를 들어보자.

건(乾)괘에 대해서는 '원형이정(元亨利貞)'이라는 네 글자가 있다. 대체로 이를 다음과 같이 끊어 읽는다.

    매우 형통하다. 바르게 행동하면 이롭다.[17]

---

17) "乾, 元亨利貞."

1 역(易)의 구성   45

곤(坤)에 관해서는 조금 길다.

> 매우 형통하다. 암말[牝馬]의 절개에 이롭다. 군자(君子)가 어딘가로 가는 경우라면 처음에는 미혹되지만 나중에는 주인을 얻어서 이롭다. 서남쪽에서는 친구를 만나지만 동북쪽에서는 친구를 잃는다. 편안하고 바르게 행동하면 길하다.[18]

이는 모두 점을 칠 때 사용되는 말들이다. 곤(坤)괘는 음의 성질[陰性]의 극치이기 때문에 "매우 형통하다"이다. 비록 "매우 형통하다"라는 좋은 괘를 얻었지만, 앞으로 나아가서는 안 된다는 것을 말해주고 있다. 만사를 조심스럽게 한 후에 나아가면 취직도 되고, 방향은 서남쪽이 좋다. 요컨대 경거망동하지 않고 신중히 처신하여 내 몸을 바르게 지킨다면 길하다는 것이다.

조금 건너뛰어 송(訟)괘를 보면, 여기서는 건·곤의 경우와는 내용이 약간 달라져서, '소송(訴訟)'이라는 그 괘명과 밀접하게 관련되는 괘사로 이루어져 있다.

> 믿는 바가 있다. 사방이 막혀 있지만, 조심하고 경계해서 중(中)을 얻으면 길하다. 끝까지 밀고 나가면 흉하다. 훌륭한 사람을 만나는 것은 이롭지만, 큰 내를 건너는 것은 이롭지 않다.[19]

소송이라는 것은 한쪽에서 아무리 주장하고 싶은 말이 있어도 그것이

---

18) "坤, 元亨. 利牝馬之貞. 君子有攸往, 先迷後得主利. 西南得朋, 東北喪朋. 安貞吉."
19) "訟, 有孚. 窒, 惕, 中, 吉. 終凶. 利見大人, 不利涉大川."

잘 통하지 않는 상태이다. 신중하고 세심하게 한다면 우선은 잘 해결되겠지만, 생각대로 된다고 우쭐하여 어디서나 다투게 되면 흉하다. 그래서 적당한 사람의 도움을 빌리는 것이 좋지만, 지나치게 대담한 태도는 좋지 않다 ─ 이것이 대강의 의미다.

앞에서 나는 스스로 점을 쳐서 항(恒)괘를 얻었다. 그러면서 일은 순조롭게 진행될 것 같다는 판단의 말[彖辭]을 소개했는데, 이것도 역시 괘사이다. 서법(筮法)에 의해 점을 치는 경우에는 모두 64개의 괘사 가운데 어느 것인가에는 반드시 해당될 수밖에 없는 구조를 가지고 있다. (권말 부록 참조)

괘사를 해석하는 「단전(彖傳)」·'대상(大象)'

그런데 이같은 몇 가지 예에서도 알 수 있듯이, 괘사의 의미는 상당히 난해하다. 애써 괘를 얻었다고 하더라도, 그 말을 해석하기란 지극히 어렵다. 바로 그 때문에 점을 쳐주는 데 대해 고마움을 느끼는지도 모르겠다. 그리고 무엇보다도 이해할 수 없는 것은, 그 괘명이나 괘사가 그 괘의 기호와 필연적인 관계에 있는지 여부를 완전히 알 수 없다는 것이다.

예를 들어, 송(訟)괘에서는 ䷅ 의 형태는 어떤 이유에서 괘명이 나타내주는 것과 같은 소송의 의미가 되며, "믿는 바가 있다. 사방이 막혀 있지만, 조심하고 경계해서 중(中)을 얻으면 길하다"는 식으로 설명되는 것일까? 이런 의문은 건·곤 이하의 다른 괘에 대해서도 거의 마찬가지로 적용된다. 이를 괘의 상(象)으로서 설명해보고자 노력한 것이 바로 이 괘사를 해석한 「단전(彖傳)」과 「상전(象傳)」 속의 '대상(大象)'이라는 부분인데, 이에 대해서는 뒤에서 자세히 설명할 것이다. 여기서는 점을 칠 때에 판단의 근거가 되는 괘사란 과연 어떤 것인가에 대해, 물론 이해하기 어려운 부분도 있지만 그 대강이나마 알아두면 좋을 것이다.

효사의 표현 방법

'효사(爻辭)'는 하나의 괘를 구성하는 6효의 하나하나에 대해 해석한 말이다. 효의 수는 역의 전체로 따지면 384효가 되므로 효사도 당연히 384개가 된다. 다만 건(乾)과 곤(坤)에는 특별히 그 6효 전체에 대해 해석한 하나의 효사가 더 붙어 있기 때문에, 효사는 전부 386개가 된다.[20]

64괘의 각각의 효에는 정해진 명칭이 있다. 6위에 대해서 아래로부터 초(初), 이(二), 삼(三), 사(四), 오(五), 육(六)으로 부른다는 것은 앞에서 이미 설명했는데, 거기에다 다시 음양(陰陽)을 포함시켜 부른다. 다만 '음'이나 '양'이라고 직접 말하지는 않고 '음'은 우수(偶數, 짝수)인 6(六)을, '양'은 기수(奇數, 홀수)인 9(九)를 붙여서 읽는다. 그래서 맨 아래의 위(位)에 있는 양효(陽爻)를 (첫번째 효를 뜻하는 '초'와, 양을 뜻하는 '구'를 합쳐서) 초구(初九)라 하고, 맨 위의 위(位)에 있는 음효(陰爻)는 (마지막 효를 뜻하는 '상'과, 음을 뜻하는 '육'을 합쳐서) 상륙(上六)이라 부른다. 이(二)부터 오(五)까지는 효가 위치한 자리인 위(位)를 뒤에다 붙여서 차례대로 '九二, 六二, 九三, 六三, 九四, 六四, 九五, 六

---

[20] 64괘×6효=384. 이 숫자(384)에 乾의 用九 즉 건의 6효에 대한 전체적 설명과, 坤의 用六 즉 곤의 6효에 대한 전체적 설명에 대한 각각의 효사가 하나씩 더 있으므로 384+2=386이 된다.

五' 등으로 부른다. 건(乾)의 구이(九二)라든가 곤(坤)의 초륙(初六)이라고 할 경우, 거기에 어떤 형태의 괘와 효가 있는지를 금방 알 수 있게 된다. 효사는 각각의 효의 명칭 아래(이 책에서는 옆)에 적혀 있다.

건(乾)의 효사를 예로 들어보자.

初九. 숨어 있는 용이다. 사용하지 말라. (初九. 潛龍. 勿用.)
九二. 나타난 용이 밭에 있다. 훌륭한 사람(大人)을 만나면 이롭다. (九二. 見龍在田. 利見大人.)
九三. 군자가 종일 애를 쓰고 저녁에 두려워하는 것처럼 노력하면, 위태롭더라도 허물이 없다. (九三. 君子終日乾乾, 夕惕若, 厲无咎.)
九四. 뛰어올라 연못에 있다. 허물이 없다. (九四. 或躍在淵. 无咎.)
九五. 날아다니는 용이 하늘에 있다. 훌륭한 사람을 만나면 이롭다. (九五. 飛龍在天. 利見大人.)
上九. 뽐내는 용은 후회가 있다. (上六. 亢龍有悔.)
用九. 무리를 지은 용 중에서 머리가 없는 용을 본다. 길하다. (用九. 見群龍無首. 吉.)

마지막의 '용구'는 곤(坤)의 '용륙'과 함께 특별히 붙여진 예외적인 하나의 효사인데, 이것까지 포함하여 전체가 용으로 통일되어 있음을 알 수 있다. 그리고 잠룡(潛龍)으로부터 현룡(見龍), 비룡(飛龍), 항룡(亢龍)으로 이어지는 순서는 1위에서 6위로 차례차례 올라가는 것을 뜻하므로 쉽게 이해할 수 있을 것이다. 다만 '구삼'에는 용이 없어서 앞뒤와 어울리지 않는다거나, 건괘가 왜 용과 관련이 있을까 하는 의문은 남는다.

효사의 해설―「상전(象傳)」

건(乾)의 효사는 비교적 이해하기 쉬운 편인데, 일반적으로 효사가 괘사에 비해 훨씬 난해하다. 앞에서도 이미 설명한 송(訟)괘의 예를 다시 들어보자.

- 初六. 하는 일(소송)을 오래 하지 말라. 약간의 다툼은 있어도, 마지막에는 길하다. (初六. 不永所事. 小有言, 終吉.)
- 九二. 소송에 진다. 돌아가더라도 되지 않는다. 마을사람이 3백호 정도 되는 작은 마을이라면, 재앙이 없다. (九二. 不克訟. 歸而逋. 其邑人三百戶, 無眚.)
- 六三. 옛날의 덕을 입는다. 올바르게 걱정을 하면 마지막에는 길하다. 왕의 일을 따르더라도, 성공은 없다. (六三. 食舊德. 貞厲終吉. 或從王事, 無成.)
- 九四. 소송에 진다. 돌아가 명을 따른다. 변화하여 바르고 편안하게 하면 길하다. (九四. 不克訟. 復卽命. 渝安貞吉.)
- 九五. 소송에 매우 길하다. (九五. 訟元吉.)
- 上九. 혹시 반대(鞶帶, 조정에서 하사하는 가죽으로 만든 큰 띠)를 받더라도, 아침부터 저녁까지 세 번 띠를 빼앗긴다. (上九. 或錫之鞶帶, 終朝三褫之.)

괘사에 대해서 「단전(彖傳)」이나 대상(大象)이 있는 것처럼, 효사에 대해서는 「상전(象傳)」이라는 해설이 있어서, 이 효사의 하나하나를 그 괘효(卦爻)의 형태에 따라 설명하고 있다. 그 「상전」을 읽는 것만으로 충분히 명백해진다고 할 수는 없다. 그리고 여기에서 예로 든 위와 같은 설명만으로는 더더욱 이해하기 힘들 것이다. 송(訟)의 경우에는 괘명과의 관계가 어느 정도 유지되고 있는 듯하지만, 전체의 맥락이 매우 애매할 뿐만 아니라 개개의 문장의 의미에도 확실하지 않은 구석이 있다.

괘사나 효사가 이처럼 이해하기 어렵게 일관성 없는 구성으로 되어 있는 것은 애초에 그 성립과정에 문제가 있었기 때문이다. 이에 대해서는 제3장에서 다루겠지만, 여기서 중요한 것은 요컨대 이같이 이해할 수 없고 문제가 많은 언어들이 역의 중심을 이루고 있고, 나아가 점을 치는 판단과 직접 관계가 있다는 사실이다.

경(經)이 『역』의 중심이다

이상에서 64괘의 기호와 그 괘를 설명한 괘사, 그리고 그 효를 설명한 효사 등에 대해 살펴보았는데, 『역』이라는 책의 중심이 되는 것은 바로 '경(經)'(괘사와 효사를 가리킨다-옮긴이)이다. 점을 치는 기술 자체는 '경'에 적혀 있지 않다. 그러나 점치는 기술[筮法]에 의해 얻어진 괘의 형태는 이 '경'과 대조될 때 비로소 그 의미가 분명해진다. 다시 말하면, 점을 치기 위해서는 반드시 필요한 것이기 때문에 이를 '경'이라 했던 것이다.

3. 경(經)과 전(傳)

상경(上經)과 하경(下經)

지금까지 역의 구성을 살펴보기 위해 8괘와 64괘, 괘사와 효사에 대해 논의를 진행시켜 왔는데, 여기까지가 이른바『역경』중에서도 특히 중심이 되는 '경(經)'이라는 사실을 알게 되었다. 즉,『역』이라는 책은 오경(五經)의 하나로서 전체가 바로 경전이라고 할 수 있는데, 그 내용은 '경 중의 경'이라고도 할 수 있는 부분과, '경'을 도와주는 기능을 하는 '전(傳)'이라는 부분으로 나누어져 있다.

'경(經)'은 다시 상경(上經)과 하경(下經)으로 나누어진다. 이미 살펴본 건(乾)·곤(坤)으로부터 시작하여 미제(未濟)괘에서 끝나는 64괘의 순서에서, 다시 건(乾)으로부터 리(離)괘까지의 30괘를 '상경(上經)', 그 다음의 함(咸)괘로부터 마지막의 미제(未濟)까지의 34괘를 '하경(下經)'이라 한다. 물론 괘사와 효사는 각각의 괘에 포함되어 있다. 이같은 상하 두 편은 음양(陰陽)에 의해 나누어졌다는 학설도 있는데, 이는 지나치게 편의적인 해석인 것 같다. 원래는 분량에 따라 양분되었을 것으로 생각된다.

'전(傳)'에는 '십익(十翼)'이 있다

역의 구성으로서의 '경(經)' 부분에 대해서는 이미 대강 설명했으므로, 여기서는 그 '전(傳)' 부분에 대해 살펴보기로 하자. '전(傳)'의 일부에 대해 그 편명(篇名)만은 앞에서도 이미 나왔다. '경(經)'인 괘사나 효사가 그토록 난해한 까닭에 그것을 해석하는 문장이 당연히 필요했을 것이며, 더구나 '경(經)'과 직접적인 관계가 없으면서도 역의 전체구조에 대한 철학적인 해석을 시도한 문장 등도 나타나게 되었다. 이것이 바로 '전(傳)'이다. 의리의 책으로서의 『역』을 이해할 때는 오히려 이 '전(傳)' 부분이 중요하다고 할 수 있는데, 그 상세한 내용과 성립 사정은 다음 장으로 미루고, 우선 역의 전체적 구성을 파악할 수 있도록 현재의 형태에 관해 내용소개만 간단히 해두고자 한다.

'전(傳)'은 10편으로 나누어져 있다. 따라서 그 전체는 '십익(十翼)'이라고도 불린다. 익(翼)은 물론 날개라는 뜻인데, 새의 날개가 공중에서 그 몸을 지탱해주는 것처럼 '사물을 돕고 지원한다는 의미'가 있다. 그러므로 십익이란 '경(經)을 돕고 지원하는 10편의 전(傳)'이라는 의미가 된다.

십익에는 먼저 앞에서도 소개한 「단전」과 「상전」이 있다. 「단전」은 괘사에 대한 해설이고, 「상전」은 대상(大象)과 소상(小象)으로 나누어진다. 「상전」의 중심은 효사의 해설인 소상에 있고, 대상은 괘에 대한 독자적 해석을 담고 있다. '경(經)'이 상하 두 편으로 나누어지는 데 대응하여 '전(傳)'도 각각 두 편씩 나누어지기 때문에 모두 4편이 된다.

「단전(彖傳)」과 「상전(象傳)」

단(彖)이라는 글자에는 '단(斷)'의 의미가 있어서, 점을 친 결과를 판단한다는 뜻에서 「단전」이라는 이름이 붙여졌다고 생각된다. 「계사전」

에는 단(彖)과 효(爻)를 대조적으로 설명하는 부분도 있는데, 본래 효사에 대응하는 괘사를 단(彖)이라고 부른 듯하다. 그래서 '단(彖)의 해석[傳]'이라는 의미에서 「단전」이라는 이름이 붙여지게 된다. 「상전」도 이와 마찬가지인데, 효사(爻辭)를 '상사(象辭)'라고도 일컫듯이 '상(象)의 해석[傳]'을 뜻한다. 앞에서 상(象)은 8괘에서 시작되는 '괘(卦)에 대한 의미[象]'를 뜻한다고 말했다. 그렇다면 오히려 괘사와 효사라고 부르는 쪽이 자연스럽다고 생각되지만, 역의 모든 것을 만물의 상징으로 보는 입장에서 말하면, 효사를 '상사(象辭)'라 일컫는 것도 그다지 이상하지는 않다. 괘(卦)가 단(彖)이라 불렸기 때문에, 효(爻)는 그것과 대응해서 '상(象)'이라 불리게 되었을 것이다.

「단전」과 「상전」은 대상(大象)을 제외하고는 서로 관계가 깊다. 다른 점은 해석의 대상이 괘사와 효사로 나누어져 있다는 것뿐이며, 그 문장의 체재와 그에 대한 해석의 기본적 입장에서도 공통점이 많다. 앞의 괘사와 효사를 설명하면서 예로 든 송(訟)괘의 '전(傳)'을 살펴보자.

  단(彖)에 적혀 있기를, 송(訟)은 위는 강하고 아래는 험하다. 험난한데도 강하게 하면 소송이 생긴다. (彖曰, 訟上剛下險. 險而健訟.)

  ── ䷅乾上坎下의 괘의 형태에 관해 강건함[剛健(乾, ☰)]과 험난함[險(坎, ☵)]의 조합이 송(訟)괘인데, 8괘의 두 가지 괘의 특징[卦德]에 따라 해설했다.

  "송(訟)은 믿는 바가 있다. 사방이 막혀 있지만 조심하고 경계해서 중(中)을 얻으면 길하다"란 강(剛)이 와서 중(中)을 얻는 것이다. (訟, 有孚. 窒, 惕, 中, 吉, 剛來而得中也.)

— 안괘(內卦, 안쪽) ☵ 의 중앙, 즉 구이(九二)의 강효(剛爻, 陽爻)에 의해 괘사를 설명했다.

"끝까지 밀고 나가면 흉하다"란 소송이 성공하지 못하는 것이다. (終凶, 訟不可成也.)
"훌륭한 사람을 만나는 것은 이롭다"란 중정(中正)을 숭상하는 것이다. (利見大人, 尙中正也.)
— 바깥괘(外卦, 바깥쪽) ☰ 의 중앙, 즉 구오(九五)의 효에 의해 괘사를 설명했다. [이하 생략]

(初六) 상(象)에 적혀 있기를, "하는 일(소송)을 오래 하지 말라"란 소송은 오래 해서는 안 된다는 것이다. (象曰, 不永所事, 訟不可長也.)
(九二) [생략]
(六三) 상(象)에 적혀 있기를, "옛날의 덕을 입는다"란 윗사람을 따르면 길하다는 것이다. (象曰, 食舊德, 從上吉也.)
— 육삼(六三)의 유효(柔爻, 陰爻)가 상구(上九)의 강효(剛爻, 陽爻)와 '대응(應)'이 됨을 가리킨다.
(九四) [생략]
(九五) "소송에 매우 길하다"란 중정(中正)이기 때문이다. (訟元吉, 以中正也.)
— 구오(九五)가 바깥괘(外卦, 바깥쪽) 속에서 양(陽)을 얻었음을 가리킨다.
(上九) [생략]

「단전」과 「상전」 모두 괘사와 효사를 들어 그것을 설명하는 태도는 동일하다. 문장의 체재도 매우 비슷하고 대체로 운(韻)을 달고 있는 것도 일치한다. 그리고 '경(經)'을 해석하는 방법은 괘의 '의미[象]'를 설명하거나 괘의 '특징[德]'을 설명하기도 하며,21) 괘의 형태나 효의 위치에 의존하거나 단순히 부연적인 의미의 해석이 있기도 하기 때문에 반드시 일정하지는 않지만, 그 해석이나 설명의 기본적인 입장은 양자(「단전」·「상전」)가 일치하고 있다.

괘(卦)·효(爻)의 형태에 의한 해석

여기서 역의 해석에 대한 기본적 입장의 몇 가지 특징을 정리한다면, 첫째는 괘사나 효사와 괘효(卦爻)의 형태 사이의 관계를 합리적으로 설명하려는 태도가 일관되게 나타난다는 것이다. 이는 괘사나 효사 자체만으로는 분명하게 이해되지 않기 때문이다.

예를 들면, 송(訟)괘의 ䷅ 의 형태가 왜 소송의 의미를 가지며, 또 "믿는 바가 있다. 사방이 막혀 있지만, 조심하고 경계해서 중(中)을 얻으면 길하다"라는 식으로 설명되는가 하는 것이 의문이라는 점은 앞에서도 이미 지적했는데, 「단전」에서는 이것을 "아래의 안괘[內卦]가 감(坎)괘로서 '험난함의 특징[險의 德]'이 되고 위의 바깥괘[外卦]가 건(乾)괘의 '강건함의 특징[剛健의 德]'이 되기 때문에, 험난함(險)과 굳건함(健)이 서로 맞물려 소송이 된다"(彖曰, 訟上剛下險. 險而健訟.)고 설명하고 있다. 이런 식의 설명은 상당히 자의적인데다 억지로 갖다붙인 면도 있

---

21) 괘상과 괘덕에 대해서는 앞에서 이미 서술했다. 또 앞에서 든 訟의 예에 대해 말하면, 「단전」의 제1절이 괘덕에 의한 것이고, 제2절과 제4절 그리고 「상전」, 육삼과 구오가 효의 위치에 의한 것이며, 「단전」 제3절과 「상전」 초륙은 단순 해석이다.

기 때문에 충분히 이해되기는 어렵다. 그러나 어쨌든 '경(經)'의 언어를 괘효(卦爻)의 형태에 의해 설명하는 것이 「단전」·「상전」의 일관된 기본적 입장인데, 이는 난해한 '경(經)'을 합리적으로 해석하려는 의도의 표현이라 할 수 있을 것이다.

강(剛)·유(柔)에 의한 해석

둘째로는 괘효(卦爻)의 형태를 '강유(剛柔)'에 의해 해석하려 한다는 것이다. '음양'이라는 말은 '경(經)'에는 보이지 않으며, 「단전」과 「상전」에서도 일반적으로 사용되지 않는다. 말하자면 양(陽)을 강(剛)이라 하고 음(陰)을 유(柔)라 하여, 이에 따라 괘효(卦爻)의 형태나 변화가 설명되고 있다. 송(訟)의 「단전」 제2절에 "강(剛)이 와서 중(中)을 얻는다"라고 설명되고 있는 것이 바로 그러한 예다.

셋째로는 '중정(中正)'을 높인다는 것이다. '중(中)'이란 안괘와 바깥괘, 즉 아래의 3획과 위의 3획 각각의 중앙의 위치를 가리킨다. 6위(六位)를 기준으로 말하면 바로 이(二)와 오(五)의 위치가 된다. '정(正)'이란 강효(剛[陽]爻, ―)와 유효(柔[陰]爻, --)가 있어야 할 위치에 있는 것을 말한다. 다시 말해서 양수(陽數) 즉 기수(奇數, 홀수)의 위치에는 강효(剛爻)가, 음수(陰數) 즉 우수(偶數, 짝수)의 위치에는 유효(柔爻)가 오는 것이다.

요컨대 초구(初九), 육이(六二), 구삼(九三), 육사(六四), 구오(九五), 상륙(上六)으로 된 ䷾ 기제(既濟)괘는 모두 정(正)을 얻고 있는 것이다.[22] 정(正)이 되는 경우를 '位當(위가 맞는다)' '位正(위가 바르다)' '得位(위를 얻다' 등으로 표현하기도 하는데, 가장 존중되는 것은 '가운데 위치[中位]의 정(正)', 즉 유중륙이(柔中六二)[23] 혹은 강중구오(剛中九五)[24]를 얻은 것이다. 송(訟)의 「단전」 제4절과 「상전」 구오(九五)에서 '중정(中正)'이라고 되어 있는 것은 바로 이 때문이다.

「단전」에는 또 '승(承)' '승(乘)' '응(應)' '비(比)'라는 술어가 나온다. 이것도 괘효(卦爻)의 형태를 설명하기 위한 표준이다. '승(承)'이란 강효(剛爻, ―) 아래에 유효(柔爻, --)가 오는 경우인데, 이는 순조롭고 길하다. 반대로 '승(乘)'이란 유효(柔爻)가 강효(剛爻)를 능가하여 위에 있는 것으로, 이 경우는 좋지 않다고 여긴다. 여기에는 이미 강(剛)은 높고 유(柔)는 낮다고 하는 사고방식이 엿보인다. '응(應)'이란 상하의 괘(卦)가 대응하는 경우로, 초(初)와 사(四), 이(二)와 오(五), 삼(三)과 상(上)의 위치(位)가 서로 마주보고 거기에 각각 강효(剛爻)와 유효(柔爻)가 오면 이를 '응(應)'이라 해서 길조라 여기고, 강(剛)과 강(剛), 유(柔)와 유(柔)가 서로 마주보는 것은 좋지 않다고 여긴다. 이러한 배경에는 다른 성질[異性]은 서로 끌어당기고 같은 성질[同性]은 서로 반발한다는 원리가 엿보인다. '비(比)' 역시 같은 원리에 의한 설명방식으로, 초(初)와 이(二), 이(二)와 삼(三)처럼 서로 이웃해 있는 효(爻)가 강(剛)과 유(柔)로서 친한[比] 관계에 있는 경우를 말한다.

---

22) 旣濟괘의 「단전」에 "바르게 하면 이롭다는 것은 剛柔가 正해서 그 位가 맞기 때문이다"라고 한 것이 바로 正에 대한 설명이다. ―지은이
23) 陰爻[--]가 六二(두번째 자리)에 있는 것.
24) 陽爻[―]가 九五(다섯번째 자리)에 있는 것.

유교적으로 정리된 대상(大象)

「단전」과 「상전」은 이제까지 언급한 원칙으로 일관되고 있다고 할 수 있는데, 다만 그러한 원칙의 적용에 대해서는 충분히 정리되어 있지 않다. 본래 괘사나 효사가 그러한 원칙에서 만들어진 것은 아니라고 여겨지는 만큼, 이를 다른 어떤 원칙에 따라 일관되게 설명하는 것은 아무래도 무리다. 「단전」과 「상전」에 애매하게 억지로 갖다붙인 듯한 설명이 적지 않게 보이는 것도 바로 이 때문이다.

이에 비하면 대상(大象)은 전혀 다르다. 여기에는 64괘의 형태를 구성하는 각각의 8괘의 상(象)에 의해 괘의 성립을 설명한 다음, 거기에서 도출되는 윤리적인 의미를 노골적으로 서술하고 있다.

땅의 형세, 모습(地[坤]勢)이 곤(坤)이니, 군자는 이를 근거로 해서 덕(德)을 두텁게 하고 물(物)을 싣는다. (象曰, 地勢坤, 君子以厚德載物. [坤, 大象])
— 땅[大地]은 두텁게 만물을 싣는다. 그 곤(坤)의 상징[象]을 모범으로 삼아 군자는 노력하고 실천한다.

하늘(天[乾])과 물(水[坎])이 거슬러 진행되면 소송이 생긴다. 군자는 이를 근거로 해서 일의 시작을 도모한다. (象曰, 天與水違行訟. 君子以作事謀始. [訟, 大象])
— 하늘(天)은 위에 있어서 위로 올라가고, 물(水)은 아래에 있으면서 아래로 나아간다. 위아래가 서로 분리되면 소송이 생긴다. 군자는 그것을 경계로 삼는다.

위는 하늘(天[乾]) 아래는 연못(澤[兌])이면 리(履)괘가 되는데, 군자는 이를 근거로 해서 상하를 나누고, 백성의 뜻을 안정시킨다. (象曰, 上天下澤 履, 君子以辨上下, 定民志. 〔履, 大象〕)

— 리(履)의 괘명(卦名)에는 '예(禮)'의 의미가 있다. 하늘은 위에 연못은 아래에 있어야 바른 위치에 있게 되므로, 괘의 상징[象]을 모범으로 삼아 군자는 노력하고 실천한다.

대상(大象)은 이처럼 괘상(卦象)에 근거해서 괘명(卦名)을 설명하고 거기에서 어떤 행동의 모범을 얻는다는 도덕처세법을 설명하는 것으로 일관하고 있기 때문에 그만큼 유교적인 색채가 강하다. 괘명의 설명방식에 조금은 무리한 면도 있지만, 소상(小象) 등에 비하면 전체적으로 아주 분명한 완성도를 보여주고 있다. 이는 유교경전으로서의 『역경(易經)』의 면모를 가장 잘 엿볼 수 있는 부분이다.

「문언전(文言傳)」과 「계사전(繫辭傳)」

「단전」이나 「상전」과 비슷한 성격을 가진 것이 바로 「문언전」이다. 이것은 특히 건(乾)괘와 곤(坤)괘에만 붙어 있는 해설로, 「단전」과 「상전」의 연장선상에 있는 듯한 느낌을 갖게 한다. 다만 내용적으로는 유교도덕을 강조하는 색채가 상당히 강해서, 오히려 「계사전」과 관계가 깊다고 할 수 있다. 「계사전」은 상하 2편으로 나누어져 있는데, 그러한 구분에 특별한 의미는 없다. 「계사전」의 전체적인 내용은 매우 복잡하여, 점을 치는 방법이나 점치기와 관련되는 사항들을 다루고 있고, 일종의 세계관과 함께 역의 상징적인 성격을 추구하는 철학적인 언어도 있으며,

또한 역사적인 관점에서 역의 성립을 설명한 내용도 들어 있다. 요컨대, 이 「계사전」은 역이라는 것을 전체로서 연구대상으로 삼아, 기술적인 면에서부터 철학적인 면에 이르기까지 폭넓은 범위에 걸쳐 고찰하고 있다. 말하자면 '역학개론'이라고도 할 수 있는 것이다.

'역'이라는 단어는 『역』이라는 책에서는 이 「계사전」에서 처음으로 나타난다. 또한 '음양(陰陽)'이라는 개념도 강유(剛柔)로 대체되어 여기서 자주 사용된다. 그 체재에서 보더라도 「계사전」은 분명 「단전」이나 「상전」보다 한층 진전된 편(篇)임을 알 수 있다. 역에는 심원한 철학이 있다고 일컬어지는 것도 주로 이 「계사전」의 내용 때문이다. 「계사전」은 「단전」, 「상전」과 함께 십익(十翼) 중에서 가장 중요한 편(篇)이다.

「설괘전(說卦傳)」·「서괘전(序卦傳)」·「잡괘전(雜卦傳)」

「계사전」에 이어지는 것이 「설괘전」·「서괘전」·「잡괘전」이다. 이로써 십익이 모두 갖춰지게 된다. 「설괘전」은 역이 만들어진 과정에 관한 말들이 있다는 면에서 「계사전」과 비슷한데, 주요 내용은 8괘의 상(象)을 열거한 것이다. 앞에서 괘상(卦象)의 예로서 든 것이 그 일부이다.25) 「서괘전」은 건(乾)에서 시작하여 미제(未濟)에서 끝나는 64괘의 순서를 한 괘씩 순서에 따라 그 이유를 설명한 것이다. 이 「서괘전」은 오로지 괘명(卦名)에 관해 그 의미상의 연관을 설명하고자 한 것으로, 예를 들면 둔(屯)·몽(蒙)·수(需)로 이어지는 괘의 순서에 대해, 둔(屯)은 '사물(物)이

---

25) 이 장 제1절의 '괘상과 괘덕' 부분에 나오는 도표 참조.

처음 생기다'라는 뜻인데 처음 생긴 것[始生]은 어리기 때문에 그 의미를 몽(蒙)에서 얻고, 어린 것은 양육을 필요로 하기 때문에 역시 그 의미를 수(需)에서 얻는다고 하는 식이다.26) 괘명의 의미를 설명하는 방식은 상당히 자의적이어서 무리한 면이 적지 않다. 물론 뒤에서 설명하겠지만, 64괘가 본래부터 여기서 말하는 것과 같은 이유에서 순서가 정해진 것은 아니기 때문이다. 마지막의 「잡괘전」은 64괘의 각각에 대해 극히 간단하게 설명하고 있는데, 그 순서는 『역』의 순서와는 다르다. 다만 두 괘씩을 조합해서 반대의 의미를 설명한다는 점에 특징이 있다. 예를 들면 "건(乾, ☰)은 강(剛)하고 곤(坤, ☷)은 부드러우며[柔], 비(比, ☷)는 즐겁고 사(師, ☷)는 근심이다"27)라는 식이다.

그 해석은 「서괘전」의 경우와 마찬가지로 대체로 괘명의 의미와 직접적인 관계가 있지만, 사(師)괘를 '근심'이라고 해석하는 식의 부연적인 것도 포함되어 있다. 사(師)는 바로 군사를 뜻하므로 이를 근심스러운 일로 본 것이 아닐까.

정리

이제 이상을 정리하면 우선 역은 8괘를 기초로 한 64괘로 구성되고 있는데, 64괘와 그 괘를 이루는 384효에 관한 설명인 괘사(卦辭)와 효사(爻辭)가 있어, 여기까지를 '경(經)'이라 한다. '경(經)'은 상·하 2편으로

---

26) 『周易』, 「序卦傳」. "屯者, 物之始生也. 物生必蒙, 故受之以蒙. … 不可不養也. 故受之以需."
27) 『周易』, 「雜卦傳」. "乾剛坤柔, 比樂師憂."

나누어지며, 점을 치는 경우의 판단은 이 '경(經)'에 의해 행해진다. 그러나 '경(經)'은 너무 난해하여 이를 해석하는 '전(傳)'이 만들어지게 되었는데, 이것이 「단전」 상하편, 「상전」 상하편, 「문언전」이다. 그리고 역의 전체에 대해 다양한 측면에서 해석을 시도한 「계사전」 상하편과 괘의 상(象)을 설명한 「설괘전」, 64괘의 순서를 설명한 「서괘전」, 64괘의 괘명의 의미를 설명한 「잡괘전」이 있어, 모두 10편의 전(傳) 즉 십익(十翼)이 갖춰지게 된다.

역의 전체적인 구성은 이렇게 정리될 수 있을 것이다. 중요한 술어에 대해서도 소개를 마쳤다. 다음 장에서는 점서(占筮)의 다양한 방법에 대해 살펴보고자 한다.

2
점(占)으로서의 역

1. 점서(占筮)의 방법

시초〔蓍〕나 서죽(筮竹)을 쓴다

점을 치는 기술에 관한 기록 가운데 가장 오래된 자료는 「계사전」에 있다. 거기에 적혀 있는 방법은 64괘의 역을 가지고 점을 치는 가장 오래되고 정통적인 서법(筮法)으로서 오늘날까지 전해지고 있다. 64괘를 가지고 점을 치는 서법(筮法) 이전에 8괘만 가지고 점을 치는 단계가 있었을 것으로 생각되기도 하지만, 그것은 어디까지나 상상일 뿐이며 지금에 와서 「계사전」의 기록보다 더 오래된 서법(筮法)이 있었음을 입증하기는 어렵다. 여기서는 우선 「계사전」에 근거하여 서법(筮法)의 핵심이라 할 수 있는 점을 칠 때의 기술적인 면에 대한 개요를 소개하려 한다. 그러나 「계사전」에 보이는 방법은 너무 간단해서 이것만 가지고는 점을 치는 실제의 기술을 이해하기가 쉽지 않다. 그래서 『주역정의(周易正義)』와 주자(朱子)의 『시괘고오(蓍卦考誤)』 『역학계몽(易學啓蒙)』, 그리고 일본의 카이호 세이료오(海保青陵, 1755-1817)의 『주역고점법(周易古占法)』 등을 참고하여 보충했다.

먼저 역의 서법(筮法)에서 서죽(筮竹)이라는 가는 대나무 막대기를 사용한다는 것은 널리 알려져 있다. 서죽을 쓰기 전에는 시초〔蓍〕라는 국화과에 속하는 다년생 식물의 가지를 사용했다. 그러면 왜 '시초풀'을 사용했을까? 거기에는 물론 가볍고 질기다는 실용적인 이유도 있었겠지만, 고대에는 흔히 어떤 특정 식물을 신령스러운 존재로 여기기도 했기 때문에 아마도 무슨 종교적인 의미가 있었을 것이다.

4단계의 조작

먼저 시초나 서죽은 50개를 준비한다.[1] 점을 쳐야 할 구체적인 문제를 떠올리고 나면, 50개 중에서 한 개를 뽑아내 사용하지 않는다. 그 한 개는 역의 활동을 근저에서 지탱해주는 '태극(太極)'으로 간주된다. 그래서 실제로 점을 치는 데 사용되는 것은 49개인데, 이것을 무심(無心)의 경지에서 좌우 양손으로 무의식중에 둘로 나눈다. 여기서 중요한 것은 무념무상(無念無想)으로 일체의 잡념을 버리고 행해야 한다. 왼손은 하늘(天), 오른손은 땅(地)을 뜻한다 — 첫번째 나눔[第一營].

다음에 오른손에 있는 시초(서죽) 중에서 한 개를 뽑아 왼손의 새끼손가락에 끼운다. 이것으로 하늘[天], 땅[地], 사람[人] 즉 삼재(三才)가 된다[2] — 두번째 나눔[第二營].

오른손에 있는 시초(서죽)를 아래에 내려놓고 왼손에 있는 시초를 오른손으로 옮겨가면서 4개씩 세고 그 나머지를 왼손의 약지와 중지 사이에 끼운다. 나머지가 없을 때는 마지막의 4개를 나머지로 간주한다. 4개씩 헤아린 시초를 아래에 내려놓고, 다음에는 (이미 내려놓은) 오른손에 있던 시초를 집어들어 같은 방법으로 4개씩 세어 그 나머지를 왼손의 인지와 중지 사이에 끼운다. 마지막에 4개가 남을 때는 4개를 나머지로 하는 것도 앞의 경우와 같다. 4개씩 헤아린 것은 아래에 내려놓는다. 이 4개씩 세는 것을 '시초를 나눈다'는 뜻에서 '설시(揲蓍)'라 하는데, 아마도 사계절의 순환을 모방한 것으로 여겨진다 — 세번째 나눔[第三營].

---

1) 전문적인 점술가가 아닌 일반인들은 50개의 서죽(시초)을 준비하기 어렵기 때문에, 서죽의 대용품으로 플라스틱 빨대나 가는 대나무 등을 사용해도 된다.
2) 왼손에 있는 것은 하늘[天], 오른손에 있는 것은 땅[地], 오른손에 있던 것 중에서 왼손 새끼손가락에 끼운 것은 사람[人]을 가리키므로 삼재가 이루어진다.

나머지를 손가락에 끼우는 것은 윤년(閏年)을 모방한 것으로, 오른손에 있는 한 개를 왼손 새끼손가락에 끼우는 것과, 설시(나누기)를 좌·우 두 번(왼손과 오른손에 있는 시초를 각각 한 번씩 모두 두 번) 조작하는 것, 그리고 나머지를 왼손 사이에 두 번 끼우는 것(약지와 중지 사이, 인지와 중지 사이)을 합하면 모두 다섯 번의 조작 중에 나머지가 두 번 생기게 되는데, 이것은 윤년이 5년에 두 번 생기는 자연의 법칙을 모방한 것으로 생각된다―네번째 나눔[第四營].

그런데 왼손 손가락에 끼워진 숫자(제일 처음 새끼손가락에 끼운 1개와 약지와 중지, 중지와 인지 사이에 끼운 것)를 모두 합하면 반드시 5개 아니면 9개가 된다. 이 계산은 간단하다. 실제 사용되는 시초 49개(50 - 1개)를 4개씩 세면 48개로 4의 배수가 된다. 그러므로 49개를 둘로 나누면 양손에 들고 있는 숫자가 무엇이든 간에 나머지는 반드시 4개 아니면 8개(왼손의 약지와 중지, 중지와 인지 사이의 시초를 합하면)가 될 수밖에 없으며, 여기에다 사람을 뜻하는 새끼손가락에 끼워져 있던 한 개를 합하면, 5개 아니면 9개가 되는 것이다.

이상이 첫번째 변화[第一變]이다.

네 번 나누기[四營]를 세 번의 변화[三變]까지

다음에는 앞의 첫번째 변화를 통해 얻어진 나머지인 5개 또는 9개를 뺀 44개 또는 40개를 사용한다. 그것을 첫번째 변화에서 했던 것처럼 양손으로 나누어 오른손에 있는 1개를 왼손 새끼손가락에 끼우고, (오른손에 있는 시초를 아래에 내려놓고) 왼손에 있는 것을 4개씩 헤아려서 얻은 나머지를 왼손 약지와 중지 사이에 끼운 다음, 오른손에 있던 것을 다시 집어들어 4개씩 나눈 나머지를 왼손 인지와 중지 사이에 끼운다. 이렇게 해서 네 번 나눈[四營] 결과는 왼손 손가락에 끼워진 시초(양손에 있던 것을 4개씩 나눈 나머지의 합)의 합계는 반드시 4개 아니면 8개가 된다. 43개 또는 39개(44개, 40개에서 왼손 새끼손가락에 끼운 1개를 뺀 다음에 나누기를 시작하기 때문이다)를 4개씩 헤아리게 되므로, 양손에 있던 것을 모두 나누어 왼손 손가락에 끼운 숫자를 합하면 3개 아니면 7개가 된다. 거기에다 왼손 새끼손가락에 끼워져 있던 1개를 합치면 4개 아니면 8개가 되는 것이다.

이상이 두번째 변화[第二變]이다.

마찬가지로, 세번째 변화[第三變]는 두번째 변화에서 생긴 4개 또는 8개의 나머지를 다시 뺀 시초를 사용한다. 두번째 변화에서는 44개 또는 40개였지만, 이번에는 40개 또는 36개 또는 32개의 시초에서 시작한다.3) 이 40, 36, 32개의 시초를 앞에서 한 것처럼 양손으로 나누어 1개를 왼손 손가락에 끼우고, 왼손과 오른손에 있는 시초를 각각 4개씩 세면서 나머지가 남도록 하는 조작을 행한다. 그러면 두번째 변화의 결과로 나온 나머지와 같은 수인 4개 또는 8개가 생긴다.

이상으로 모두 세 번의 변화[三變]의 조작 과정을 거쳐서 비로소 하나의 효[一爻]가 그려진다. 효를 그리는 방법은 4개씩 센 시초의 수에 의해 이루어지는데, 반대로 말하면 세 번의 변화에서 생긴 모든 나머지

---

3) 44 - 7(두번째 변화에서 생긴 나머지)=37, 37 - 1(왼손 손가락에 끼우는 시초)=36개가 되거나, 40 - 7(두번째 변화에서 생긴 나머지)=33, 33 - 1(왼손 손가락에 끼우는 시초)=32개가 되거나, 44 - 3(두번째 변화에서 생긴 나머지)=41, 41 - 1(왼손 손가락에 끼우는 시초)=40개가 되거나, 40 - 3(두번째 변화에서 생긴 나머지)=37, 37 - 1(왼손 손가락에 끼우는 시초)=36개가 된다.

를 뺀 숫자에 의해 결정되는 것이다.

효(爻)를 그리는 방법

먼저, 나머지가 5, 4, 4(합 13)로서 세 번의 변화[三變]에서 생긴 나머지의 합계(36)보다 작은 수의 경우는, (나머지 5, 4, 4 즉 13개를 빼고) 네 개씩 헤아린 시초[蓍]는 36개(49 - 13개)가 된다. 이는 36개를 4개씩 9번 나눈 것이다. 여기서 '9'라는 수가 나오는데, 9는 양(陽) 중에서 가장 큰 수이므로 그 효를 노양(老陽)이라 하고 '중(重)'이라 이름붙여 '…'의 부호로 표시한다.

다음으로 9, 4, 4 또는 5, 8, 4 또는 5, 4, 8이 나머지로 나와서, 세 개의 나머지 중에서 한 개는 크고 두 개가 작은 숫자가 되는 경우는, (나머지 9, 4, 4[합 17] 또는 5, 8, 4[합 17], 또는 5, 4, 8[합 17]을 뺀) 시초의 수는 모두 32개(49 - 17개)가 된다. 32는 4의 8배가 되는데, 여기서 '8'이라는 수를 얻는다. 그래서 이 '8'이라는 수에 따라 그 효(爻)를 소음(少陰)이라 하고, '절(折)'이라 이름붙여 '--'의 부호로 표시한다. 또 다음으로 9, 8, 4 또는 9, 4, 8 또는 5, 8, 8이 나머지가 되어, 세 개의 나머지 중에서 두 개는 크고 한 개가 작은 숫자가 되는 경우는, (나머지 9, 8, 4[합 21] 또는 9, 4, 8[합 21] 또는 5, 8, 8[합 21]을 뺀) 시초의 수는 28개 (49 - 21개)가 된다. 28은 4의 7배가 된다. 여기서 '7'이라는 수를 얻어 그 효를 소양(少陽, 양[陽] 중에서 가장 작은 수)[4]이라 하고, '단(單)'이

---

[4] 1, 2, 3, 4, 5, 6, 7, 8, 9 10까지의 숫자를 역에서는 1~5, 6~10과 같이 두 부분으로 나누어, 전자를 生數 후자를 成數라 부른다. 그리고 점을 칠 때는 6에서 10까지의

라 이름붙여 '–'의 부호로 표시한다.

마지막으로 9, 8, 8의 나머지(합 25)가 나와서 세 번의 변화[三變]에서 생긴 나머지의 합계(24)보다 큰 숫자가 되는 경우는, (나머지 9, 8, 8[합 25]을 뺀) 시초의 수는 24개(49 - 25개)가 된다. 24는 4의 6배가 된다. 여기서 '6'이라는 수를 얻어 그 효를 노음(老陰)이라 하고, '교(交)'라 이름 붙여 '~'의 부호로 표시한다.5)

소음(少陰), 소양(少陽), 노음(老陰), 노양(老陽)

여기서 숫자와 음양의 관계를 살펴볼 필요가 있다. 「계사전」에 "하늘의 수[天數]는 5개, … 땅의 수[地數]는 5개, 하늘의 수[天數]의 합은 25, 땅의 수[地數]의 합은 30"6)이라는 말이 나오는데, 이는 1부터 10까지 사이에 하늘[天] 즉 양강(陽剛)에 해당하는 수는 1, 3, 5, 7, 9라는 5개의 기수(奇數, 홀수)이고, 1, 3, 5, 7, 9를 합하면 25가 되며, 땅[地] 즉 음유(陰柔)에 해당하는 수는 2, 4, 6, 8, 10이라는 5개의 우수(偶數, 짝수)로서, 2, 4, 6, 8, 10의 합계는 30이 된다는 의미다. 이 중에서 1부터 5까지는 생수(生數)라 하여 만물이 생육하는 단계를, 6부터 10까지는 성수

성수를 사용한다. 또 앞에서도 설명한 것처럼 1, 3, 5, 7, 9 등 홀수(기수)를 陽數 2, 4, 6, 8, 10 등 짝수(우수)를 陰數라 한다. 6에서 10까지의 양수는 7, 9 둘이다. 陽은 팽창하는 기운을 상징하기 때문에, 이 중에서 9가 老陽, 7이 少陽이 된다. 반대로 음수는 6에서 10까지의 성수 중에서 6, 8 둘이다. 이 중에서 陰은 陽과 반대로 줄어드는 기운을 상징하기 때문에, 6이 老陰, 8이 少陰이 된다.

5) 老陽의 기호인 '…'과 少陽의 부호인 '–'과 少陰의 표시인 '--'과 老陰을 상징하는 '~' 등은 각각 기억하기 쉽도록 여러 가지 다른 형태로 표기할 수도 있다.

6) 『周易』, 「繫辭上傳」. "天數五, 地數五 … 天數二十有五, 地數三十."

(成數)로서 만물이 완성되는 단계를 뜻한다. 역의 상징은 특히 이 성수를 중요시해서 6에서 9까지를 채용한다. 6과 8이 음(陰)이 되고 7과 9가 양(陽)이 된다는 것은 짝수를 음, 홀수를 양으로 간주하는 것으로 쉽게 이해할 수 있으며, 6은 노음(老陰), 8은 소음(少陰), 7은 소양(少陽), 9는 노양(老陽)으로 분별된다. 소(少)는 젊고 활발한 것을, 노(老)는 이미 성숙해서 변화하려고 하는 것을 각각 상징한다. 음(陰)은 수축해 가기 때문에 6이 노(老)가 되고, 양(陽)은 팽창해 가기 때문에 9가 노(老)가 된다. 그래서 노음(老陰)·노양(老陽)의 효(爻)를 변화하는 효라는 의미에서 변효(變爻)라 한다. 괘의 형태를 결정할 때는 음(陰)과 양(陽)만으로도 충분하지만, 괘사와 효사를 보고 판단하는 경우에는 이 노소(老少)의 차이('변효'가 있느냐 없느냐의 차이)가 문제시된다.

지금까지 역으로 점을 치는 매우 복잡한 과정을 설명했는데, 이것으로 겨우 하나의 효(爻)가 그려질 수 있을 뿐이다. 괘는 6효에 의해 이루어지므로 이상과 같은 세 번의 변화[三變]와 똑같은 과정을 6번 반복해야 하나의 괘를 얻을 수 있다. 그리고 괘의 아래에서부터 순서대로 초효(初爻), 이효(二爻), 삼효(三爻)가 그려지고, 상효(上爻, 6번째 효)까지 그려져야 괘의 형태가 완성되는 것이다. 하나의 효를 얻는 데는 세 번의 변화 과정을 거치므로 모두 18번의 변화[十八變]를 행해야 한다. "18번 변화하여 괘를 완성한다"[7]는 것이 바로 이 말이다. 이런 조작과정을 거쳐 얻어진 괘를 '본괘(本卦)'라 한다.

---

7) 『周易』, 「繫辭上傳」. "十有八變而成卦."

괘사(卦辭)에 의한 판단

여기서 잠깐 역의 경문(經文, 괘사와 효사)을 펼쳐서 판단의 말을 찾아보자. 이 경우에 앞에서 설명한 노음(老陰)과 노양(老陽)의 변효(變爻)가 하나도 없으면, 본괘의 괘사(卦辭[彖辭])나 괘의 의미[卦象]에 의해 점을 판단하면 되고, 효사(爻辭)는 볼 필요가 없다.

『춘추좌씨전(春秋左氏傳)』소공(昭公) 7년조에는 위(衛)나라의 제후를 선출하기 위해 역으로 점을 친 예가 보인다. 위나라 양공(襄公)이 죽은 후 양공의 정부인에게는 아들이 없고 첩에게서 난 맹칩(孟縶)이라는 사람이 있었다. 그런데 가문의 원로인 공성자(孔成子)와 사관(史官)인 사조(史朝)가 우연히 똑같은 꿈을 꾸게 되었다. 위나라 시조인 강숙(康叔)이 꿈에 나타나 원(元)이라는 아들을 세우라고 했다는 것이었다. 그리고 얼마 지나지 않아 맹칩의 동생이 태어나자 이름을 원(元)이라 했다. 공성자는 주역(周易)에 따라 점을 쳤다. "원(元)께서 위나라의 군주가 될 수 있도록 해주시옵소서"라고 기도하고 서죽(筮竹)을 나누자 둔(屯)괘 ䷂ 가 나왔다. 그것을 사조에게 보이자, 사조는 『역경』을 펼쳐보고는 "'원(元)은 형통하다'입니다. 망설일 필요가 없습니다"라고 답했다. 이에 공성자가 "원(元)은 장(長)의 의미도 되므로 연장자인 맹칩이 좋다는 뜻은 아닌가"라고 물어보자, 사조는 다시 "강숙께서는 이 아들을 원(元)이라 부르도록 했습니다. 이야말로 맏아들(長子)이라 해야 할 것입니다. 그 점사(占辭)에는 '제후가 되는 것[建]이 이롭다'도 있습니다. 맹칩은 이미 세자의 신분이므로 구태여 '세워라[建]'고 말할 필요는 없을 것입니다. 반드시 원(元)을 세우도록 하십시오"라고 권했다. 이렇게 해서 공성자의 힘에 의해 원(元)이 위나라의 군주가 되었다.[8]

이 이야기에서 '원(元)은 형통하다'라 하고, '제후를 세우는 것이 이롭다'라고 말해지는 것은 모두 둔(屯)의 괘사이다.9) 즉 점을 친 결과 둔(屯)괘가 얻어진 것을 가지고 그대로 그 본괘의 괘사를 채용하여 점을 판단한 것이다. 6효 모두가 소음(少陰) 소양(少陽)이기 때문에, 변화하는 효[變爻]가 없는 경우의 가장 간단한 판단법이다.

괘상(卦象)에 의한 판단법

변효(變爻)가 없는 경우의 약간 복잡한 방법으로서, 괘의 의미[卦象]에 의해 점을 판단하는 방법이 있다. 이 역시 『좌씨전』의 예를 통해 살펴보자. 희공(僖公) 15년조에는 진(秦)나라가 진(晉)을 공격하려고 서죽을 나눈 사례가 보인다. 점의 결과는 고(蠱)괘 ䷑ 였는데, 점술가 복도보(卜徒父)는 매우 길하다[大吉]고 판단하여 다음과 같이 서술했다. "고(蠱)괘는 안괘가 손(巽, ☴)으로 바람[風]의 의미[象]이고, 바깥괘는 간(艮, ☶)으로 산(山)의 의미[象]입니다. 계절로는 가을이라서 우리나라가 산의 열매를 아래로 떨어뜨려 산에 있는 목재를 잘라내는 형이므로, 우리나라(秦)가 이깁니다. (진[晉]의) 열매가 떨어지고 목재가 없어지면, (진[秦]이) 지지 않을 것이니 무엇을 기다리십니까?"10) 전쟁의 결과는 그 예언대로였다.

---

8) 『左氏會箋』, 第二十一, 昭七 참조.
9) 『周易』, 「上經」, 屯. "屯, 元亨, 利貞. 勿用, 有攸往. 利建侯."
10) 『左氏會箋』, 第五, 僖十五. "蠱之貞風也, 其悔山也. 歲云秋矣, 我落其實, 而取其材, 所以克也. 實落材亡, 不敗何待."

이 경우는 고(蠱)괘를 구성하는 아래의 안괘[內卦]와 위의 바깥괘[外卦] 각각에 해당하는 8괘의 의미[象]에 의해 판단한 것이다. 괘의 의미[卦象]로써 점을 판단하는[占斷] 경우에는 안괘를 '정(貞)'이라 부르고, 바깥괘를 '회(悔)'라 일컫는다. 안괘가 내[自己]가 되는 데 비해, 바깥괘는 다른 사람[他人]이 된다. 이 경우에도 안괘 손(巽, ☴)의 의미인 바람을 자기나라 진(秦)으로 간주하고 바깥괘 간(艮, ☶)의 의미인 산을 적국 진(晉)으로 해석한 것이다.

변효(變爻)가 있는 경우

이상은 시초[蓍]를 나누어서 얻은 6효가 모두 소음(少陰) 소양(少陽)의 효로서 변화하는 효[變爻]가 없었던 경우이지만, 하나의 괘에 노음(老陰) 노양(老陽)의 변효가 나오게 되면 조금 복잡해진다. 『좌씨전』 희공 25년조에 진(秦)이 주(周)의 천자를 도와 군대를 일으키는 문제로 점을 쳤을 때의 사례가 바로 그런 경우이다. 얻어진 괘는 대유(大有, ䷍)였는데, 세번째 효[第三爻]가 바로 노양(老陽, '⚊')이었다. 즉 시초를 나눈 결과 첫번째 효는 4, 두번째 효는 4, 세번째 효는 9로(나머지의 합계는 4+4+9=17), 4개씩 나눈 시초는 36개로서 나머지는 세 번의 변화[三變]보다 작았던 것이다. 이 변효 구삼(九三)을 갖고 있는 대유(大有)괘는 과연 어떻게 판단될 것인가?

『좌씨전』에는 이것을 "大有 ䷍ 를 만나면 睽 ䷥ 로 가라"[11]고 표현하

---

11) 『左氏會箋』, 第六, 僖二十五 "遇大有䷍ 之睽䷥ ."

고 있다. 대유(大有)의 세번째 효인 양(陽)이 음(陰)으로 변한 형태의 괘를 찾으면 그것이 바로 규(睽)괘이다. 이 규(睽)괘를 대유(大有)의 본괘(本卦)에 대응해서 '지괘(之卦)'라 부른다.12) 『역』을 펼쳐서 점을 판단할 때는 이 본괘와 지괘의 괘사·괘상과, 본괘에 있는 변효의 효사 등을 참조해서 생각하지 않으면 안 된다. 진(秦)나라의 복언(卜偃)이라는 점술가는 다음과 같이 판단했다. "길합니다. '그대가 천자로부터 대접을 받는다'라는 괘입니다. 전쟁에 이겨서 왕이 잔치를 베푸니, 이보다 더 길한 것은 없습니다. 그리고 이 괘는 하늘[天]이 연못[澤]으로 변해서 태양을 받들고 있는 것입니다. 천자가 자기를 낮추어 그대를 맞이하니, 훌륭한 일이 아닙니까?"13)

점술가가 처음에 인용한 말은 대유(大有)괘의 구삼(九三)의 효사, 즉 문제가 되는 변효의 효사이다. "그대가 천자로부터 대접을 받는다. 소인(小人)은 이기지 못한다"14)라고 『역』에 나와 있다. 다음에 "하늘이 연못으로 변한다"는 것은 대유(大有)의 안괘의 건(乾, ☰)이 변효에 의해 태(兌, ☱)로 변한 것을 그 괘상에 의거하여 말한 것이다. 또 "태양을 받들고 있다"라고 한 것은 바깥괘 리(離, ☲)의 의미[象]가 태양이기 때문이다. 물론 건(乾)의 하늘[天]은 천자(天子)를 의미한다. 여기서 본괘와 지괘의 괘상, 그리고 변효의 효사에 의해 이 점술가의 판단이 이루어졌음을 알 수 있다.

하나의 괘에서 변효는 단 한 개만으로 한정되지는 않는다. 두 개의 효

---

12) '본괘'는 '변효를 고려하지 않은 본래의 괘', 그리고 '지괘'는 '가는 괘' 또는 '변화하는 괘'라는 뜻이다.
13) 위의 책, 같은 곳. "曰吉. 遇公用享于天子之卦. 戰克而王饗之, 吉孰大焉. 且是卦也, 天爲澤以當日. 天子降心以逆公, 不亦可乎."
14) 『周易』, 「上經」, 大有. "九三. 公用享于天子. 小人弗克."

이상, 경우에 따라서는 6효 전부가 변효일 수도 있다. 그러면 이런 경우의 판단에 대해 살펴보자. 예를 들어, 주자의 『역학계몽(易學啓蒙)』에서는 본괘의 두 개의 변효[二變爻]에 대한 효사를 근거로 하여, 두 개의 변효 중에서 좀더 상위(上位)의 효를 더 중요시해야 한다고 해석했다. 또 3개의 변효[三變爻]가 있는 경우에는 본괘와 지괘의 괘사를 보아야 한다는 식으로 자세하게 규정하고 있다. 그러나 카이호 세이료오(海保青陵)는 이러한 판단이 옛날의 점법에는 어울리지 않는다고 주장했다. 『좌씨정의(左氏正義)』, 양공(襄公) 9년에서도 "두 개의 변효 이상이 나올 경우에 효사만 보아서는 알 수 없으므로 효사에 따르지 않고 괘사에 의거해야 한다"고 서술하고 있다. 두 개의 변효 이상이 나올 경우에는 본괘와 지괘의 괘사를 참조해서 점을 판단하는 것이 옛날의 정통적인 점법이었을 것이다.

동전으로 괘를 찾는 간단한 방법

이상으로 점을 치는 방법을 대강 살펴보았다. 50개의 서죽을 준비하여 앞에서 설명한 내용을 참고하면서 시험해 가면 점서(占筮)를 할 수 있을 것이다. 이 책의 부록에는 효사까지는 수록하지 않았지만 괘사는 찾기 쉽게 순서대로 나열해서 번역해 놓았다. 서죽의 조작을 통해 괘가 얻어지면, 부록을 대조해봄으로써 본괘만으로도 점의 결과를 알 수 있을 것이다.

그런데 서죽을 나누어 18번의 변화를 반복해야 하는 정통적인 방법은 매우 번거롭고 시간도 많이 걸린다. 그래서 간편한 쪽을 찾는 사람들을 위해 다행히도 아주 간단한 방법이 있다. 바로 3개의 동전을 동시에 던져서 그 앞면과 뒷면에 의해 음양을 결정하는 간단한 방법이다. 한 번 던지면 하나의 효가 생기므로 여섯 번 반복하면 하나의 괘를 얻을 수 있다. 이 척전법(擲錢法) 즉 동전을 던지는 방법은 상당히 오래 전부터 행해졌는데, 한나라 때에 시작되었다고 여겨지는 화주림법(火珠林法)도 이와 비슷한 방식이었을 것이다. 자신을 내세우기 위해 일을 복잡하게 만드는 사람이 있는가 하면, 번거로운 것을 싫어하여 간략함을 찾는 사람이 있는 것은 어느 시대나 마찬가지다.

당나라 때에 지어진 『의례소(儀禮疏)』, 관례편(冠禮篇)에 의하면, 3개의 동전을 동시에 던져서 3개 모두 뒷면인 것을 노양(老陽), 그 반대를 노음(老陰), 2개가 앞면이고 1개가 뒷면인 경우를 소양(少陽), 그 반대를 소음(少陰)이라 하여 효를 그리는 방법의 대용으로 삼았다고 적혀 있는데, 아마도 척전법의 경우도 이와 같았을 것이다. 송나라 때의 『주자어류(朱子語類)』, 卷66에도 "요즈음 사람들은 시초[蓍]를 가르는 대신에 3개의 동전을 사용한다"고 적혀 있듯이, 이같은 간략한 방법은 널리 보급되어 있었다. 변효[老陽, 老陰]를 생각하는 것이 복잡하다면, 동전 하나만으로 충분하다. 앞면과 뒷면으로 음양을 결정하기만 하면 되는 것이다. 그렇지만 역의 오묘한 맛은 사라질 것이다.[15]

---

15) 일본에서 행해지고 있는 간략한 방법[略筮法]은 다음과 같다. 정통적 방법[本筮]에서는 4개씩 나누었는 데 비해, 여기서는 8개씩 나누어 왼손에 있는 나머지와 새끼손가락에 끼운 1개를 더해서 그 숫자로 곧바로 8괘를 그린다는 것이다. 모두 나누어 새끼손가락에 1개만 남아 있을 때는 건(乾, ☰), 나머지와 새끼손가락에 있는 것의 합계가 2개면 태(兌, ☱), 3개면 리(離, ☲), 4개면 진(震, ☳), 5개면 손(巽, ☴), 6개면 감(坎, ☵), 7개면 간(艮, ☶), 8개면 곤(坤, ☷)으로 한다. 이 과정을 두 번 반복하면 안괘와 바깥괘가 결정되고 6효의 본괘가 생기게 된다. 정통적 방법에 비하면 극히 간편하다. 變爻를 내기 위해서는 49개를 둘로 나누어 오른손에 있는 1개를 왼손의 새끼손가락에 끼우고 나서, 이번에는 왼손에 있는 것을 6개씩 센다. 나

엄숙한 의례로서

이상에서 언급한 점서(占筮)의 방법은 그 대강만을 설명한 것에 지나지 않는다. 점서는 원래부터 신비함과 관련되는 것으로, 아주 엄숙한 의례와 함께 행해지는 것이 보통이다. 이제 주자의 「서의(筮儀)」에 근거하여 의식(儀式)으로서의 점서(占筮) 모습을 살펴보자.

먼저 깨끗한 장소를 택하여 창문이 남쪽으로 나 있는 '시초를 둘 방[蓍室]'을 설치한다. 방의 중앙에 책상[机, 길이 약 1.5미터, 폭 0.9미터]을 놓는다. 좌석은 책상의 남쪽에서 북쪽을 보도록 한다. 시초 50개는 붉은 비단보자기로 싸서 자루에 넣고, 그것을 다시 대나무나 나무로 된 원통모양의 용기에 담아 뚜껑을 닫는다. 시초통[蓍筒]이 쓰러지지 않도록 대(臺)를 만들어 책상 위의 북쪽에다 똑바로 세운다. 다음으로 책상 중앙에서 약간 북쪽에 '격(格)'이라는 칸막이 모양의 횡판(橫板)에 다리를 붙인 것[약 30센티미터의 높이로 책상 길이와 비슷하게]을 세운다.

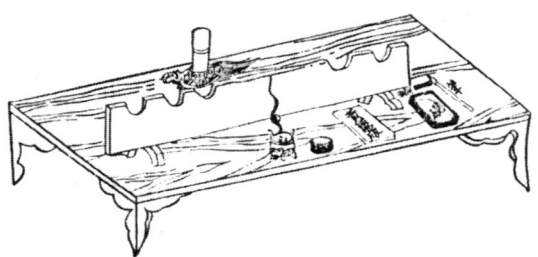

馬場信武, 『易學啓蒙圖說』

머지가 1개면 첫번째 효[初爻], 2개면 두번째 효[第二爻], 3개면 세번째 효[第三爻], 4개면 네번째 효[第四爻], 5개면 다섯번째 효[第五爻], 6개면 마지막 효[上爻]가 '변효'가 되는 것이다. - 지은이

이것은 시초를 걸쳐놓을 때 사용되는데, 중앙에 두 개의 홈[49개를 천·지로 나눈 것을 여기에 걸쳐둔다]과 왼쪽 상단에 3개의 조그만 홈[세 번의 변화(三變)로 얻어진 각각의 나머지 시초를 걸치기 위한 것]을 만든다. 이 격(格) 앞에는 향로 1개와 향합 1개를 놓고, 매일 향을 피워 경건한 뜻을 올린다.

실제로 점을 칠 단계가 되면 벼루, 먹, 붓과 효(爻)를 그릴 때 사용할 황색 판(板)을 향로 오른쪽에 나란히 놓는다. 점을 치는 사람[易者]은 부정을 없앤 의관을 갖추어 손을 깨끗이 씻고, 천천히 향을 피우면서 경건한 마음을 유지한다. 이제 양손으로 정중하게 시초통의 뚜껑을 열어 격(格)과 향로 사이에 두고, 통 속에서 시초를 꺼내어 자루와 보자기를 벗겨서 시초를 통의 오른쪽에 놓는다. 50개의 시초를 양손으로 잡고 향로의 연기를 쏘이면서 점을 치게 된 연유를 다음과 같이 말한다.

"언제나 진리인 위대한 서죽(筮竹)에 비나이다. 언제나 진리인 위대한 서죽에 비나이다. 지금부터 아무개[직업과 이름을 밝힘]가 무슨 일[구체적으로 말함]에 대해 어떻게 해야 할지를 몰라 길흉[吉凶, 좋은지 나쁜지], 득실[得失, 얻을 것인지 잃을 것인지], 회린[悔吝, 후회하게 될지 조금만 나쁘게 될지]을 신령께 묻고자 하나이다. 바라건대 신의 능력으로 분명하게 일러주시옵소서."

그런 다음 오른손으로 시초 1개를 집어서 통 속에 넣는다. 이제 비로소 49개에 의한 나누기가 시작되는 것이다.

주자의 이 「서의」에는 향을 쏘이는 것과 같은 불교의례의 영향도 보이지만, 대체로 『의례(儀禮)』 『예기(禮記)』 같은 유가경전에 보이는 단편적인 자료를 근거로 복원한 것이다. 인지(人知)의 한계를 뛰어넘어 미래를 예측하려는 것인 만큼, 당연히 아주 경건한 태도로 임했을 것이다. 정통의 서법(筮法)을 지키는 한, 누구든「서의」에서와 같은 경건한 태도로 점괘를 얻으려 했을 것이다. 그런 가운데 특히 중요한 것이 점을 칠 때 하는 말[命辭]이다. 주자가 제시하고 있는 형식은 거의『의례(儀禮)』의 소뢰궤사례(少牢饋食禮)에 의한 것인데, 앞에서 위나라의 세자를 결정할 때 "원(元)께서 위나라를 이어받아 군주가 될 수 있도록 해주시옵소서"라고 기도한 것도 그런 예이다. 점서(占筮)가 단지 길흉을 알기 위한 것만이 아니라 현실의 구체적인 일들에 대해 그 가부를 묻는 것인 만큼, 이러한 경건한 자세야말로 점을 치는 일의 본질적인 부분과 관계되는 주요한 출발점이라는 것은 더 말할 필요도 없다.

점의 결과를 판단할 때의 어려움

그런데 점의 결과를 판단하는 데 따르는 어려움은 사실 이러한 형식적인 면에 있지 않다. 점을 치는 순서와 의식[筮儀]이 아무리 복잡하더라도, 누구나 적혀 있는 그대로 행하기만 하면 된다. 시초를 나누는 것도 마찬가지다. 비록 번거롭기는 하지만 시간을 들여 정중하게 하기만 하면 된다. 어려움은 역시 얻어진 괘에 대해 점의 결과를 판단[占斷]하는 일이다.

앞에서 설명했듯이『좌씨전』의 예에서는 군주가 될 사람에 대해 점을 치자 "제후로 세우는 것이 이롭다"라는 괘사가 나왔다. 또 진(秦)나라가 주(周)의 천자를 돕는 일에 대해 점을 치자 "그대가 천자로부터 대접을 받는다"라는 효사가 나왔다. 두 경우 모두 점을 치게 된 연유와 점의 결과가 서로 어울리는 답이 나왔다. 그러나 언제나 이렇게 잘되는 것은 아니다. 오히려 결혼문제에 대해 점을 쳤는데 송(訟)괘가 나오기도 하고, 국사(國事)에 대해 점을 쳤는데 가인(家人)괘가 나오는 등 생각지도 않은 결과를 보는 경우가 훨씬 많을 것이다. 그래서 점의 결과에 대한 판단은 점술사[占師]의 해석에 달려 있는 것이라 할 수 있다.

앞의 위나라 세자의 경우를 다시 떠올려보자. 둔(屯)괘의 괘사에 등장하는 '원형(元亨)'이라는 말을, 사조는 "원(元)은 형통[亨]하다"고 해석해서 어린 원(元)을 세자로 세워야 한다고 주장했다. 물론 그것은 사조 개인의 해석이다. 본래의 괘사의 의미는 "매우(元) 형통[亨]하다"로 읽어야 하는 것으로, 위나라 왕의 첩의 소생 이름인 '원(元)'자와는 아무런 관계가 없다. 그런 이유로 공성자는 "장남(맹칩)을 뜻하는 것이 아닐까"라는 의문을 가졌던 것이다. 점의 결과를 판단할 때는 이 사조의 경우처럼 과감한 해석도 필요하다. 그러나 이런 태도는 판단을 그르치는 원인이 되기도 한다. 점의 결과에 대한 판단은 당면한 현실의 문제와 그려진 괘를 대조해서 신중하게 행하지 않으면 안 된다.

남북조시대의 북제(北齊)에 조보화(趙輔和)라는 유명한 점술가[易者]가 있었다. 어느 날, 자기 아버지의 병환을 걱정하는 한 남자가 찾아와서는 보화와 함께 기거하던 어떤 점술가에게 점을 쳐달라고 했다. 점서(占筮)의 결과는 태(泰 ䷊)괘로 나왔다. 점술가는 "이 괘는 매우 좋은 괘라오. 당신 아버지의 병환은 금방 나을 것이오"라고 말했다. 일반적으로 말해서 태(泰)괘는 분명 '길하다[吉]'로 여겨지며, 그 반대인 비(否 ䷋)괘는 '나쁘다[凶]'로 간주된다. 하늘[乾]은 위로 올라가고 땅[坤]은 아래로 내려가는 것이므로, 태(泰)에서는 하늘과 땅이 하나로 만나고, 비(否)에서는 하늘과 땅이 서로 멀리 떨어진다는 것이 그 설명이다. 그 남자가 기뻐서 돌아간 후, 이 사실을 안 보화가 그 점술가에게 물었다. "태(泰)괘는 하늘[乾]이 아래에 있고 땅[坤]이 위에 있소. 그렇다면 아버지[乾]가 흙[坤] 속으로 들어가는 것이 됩니다. 그런데 어째서 길하다고 하는 거요?" 얼마 지나지 않아 그 남자의 아버지가 죽었다는 소식이 전해졌다[『北齊書』方伎傳].

발이 없으면 배를 타고 돌아간다

또 한 가지, 이것은 완전히 지어낸 이야기지만 역시 점서(占筮)의 한 예로서 음미해볼 만하다. 공자(孔子)가 제자 자공(子貢)에게 사신의 역할을 맡겨 그를 다른 나라로 떠나보냈는데, 정작 돌아올 날짜가 되어도 돌아오지 않았다. 그래서 점을 쳐보니 정(鼎 ䷱)괘가 나왔다. 그것도 구사(九四)가 변효였다. 정(鼎)괘 구사(九四)의 효사는 "정(鼎)의 발이 잘렸다"[16]이다. 공자의 제자들은 모두 이 효사를 근거로 "발이 없어서 자공은 금방 돌아오지는 못할 것이야"라고 말했지만, 안회(顔回)만은 이 말을 듣고 미소를 머금었다. 공자가 "회(回)야, 왜 웃느냐" 하고 묻자, 안회는 "제가 생각하건대 그는 곧 돌아올 것입니다. 발은 없더라도 배를 타고 올 것이기 때문입니다"라고 대답했다. 여기서 배가 등장한 것은, 정(鼎)괘의 안괘[內卦]가 바로 손(巽)괘로서, 손(巽)에는 나무[木]의 의미[象]가 있는 만큼 안회가 이를 배로 간주했기 때문이다. 즉, 안회는 효사만을 보지 않고 괘의 형태에도 주목하여 종합적인 판단을 내린 것이

---

16) 『周易』,「下經」, 鼎. "九四. 鼎折足. 覆公餗. 其形渥. 凶." 여기서 鼎이란 발이 셋, 귀가 둘 달린 솥을 말한다.

다. 과연 자공은 곧 돌아왔다[『北堂書鈔』百三十七所引『韓詩外傳』].

　이같은 예들을 종합해보면, 사실은 괘가 정해진 후에 커다란 어려움이 생기는 것을 알 수 있다. 괘사와 효사를 보고 그 일반적인 해석만을 취할 것이 아니라 그때그때의 실제 상황에 따라 적절한 판단을 내릴 필요가 있다. 무턱대고 원칙적인 규정만 따르는 것은 의미가 없다. 적절한 연상이나 유추, 또는 부연해석을 통해 '경(經)'을 해석하여, 의문을 품은 사람을 설득할 만한 힘을 갖지 않으면 안 된다. 그러므로 뛰어난 점술가[易者]가 되기 위해서는 역의 이치[易理]에 능통할 뿐만 아니라 인생경험도 풍부해서 어떤 사태에도 잘못되지 않은 판단을 내릴 수 있어야 한다. 뛰어난 점술가는 그만큼 나타나기 힘든 법이다.

　이렇게 말하면 점서(占筮)는 결국 점을 치는 점술가의 문제로 바뀌게 된다. 엉터리 점술가에게 의지하면 모처럼 얻은 괘의 판단도 엉터리가 되고 만다는 것이다. 요컨대, 역은 신비한 기술의 문제에서 탈바꿈하여 인간의 합리적인 행위의 근거로 변하게 된다. 이러한 방향이 더욱 철저해지면, 역은 점서(占筮)보다는 오히려 의리(義理)를 더욱 중요하게 여기는 것으로 바뀌게 된다. 의리(義理)의 역에 대해 설명하기 전에 점서(占筮)에 대해 좀더 살펴보자.

2. 귀복(龜卜)과 점서(占筮)

역 이전의 점(占)—복(卜)

　역은 원래 점을 치는 기술로서 발달한 것이다. 그러나 널리 알려진 것처럼, 중국에서는 그것보다 훨씬 오래 전에 역시 권위 있는 점법으로서 '복(卜)'이라는 것이 있었다. 복서(卜筮)라는 말은 본래 두 가지(귀복과 점서)를 함께 일컫는 말이었다. 그리고 역이 '주역(周易)'으로 불리면서 주(周)나라 시대를 대표하듯이, 복(卜)은 기원전 12세기 이전으로 추정되는 은(殷)왕조를 대표하는 것이었다.

은왕조는 신정시대(神政時代)였다. 당시에는 제사, 수렵, 군사 등 모든 국가행사나, 10일 단위의 길흉이나 수확의 풍흉(豊凶), 그리고 날씨 등에 대해서도 모두 신의 뜻[神意]을 물어본 후에 일을 결정했다. 그 신의 뜻을 점쳐보는 방법이 바로 복(卜)이었다. 이 경우에는 귀복(龜卜)이라고도 하듯이 거북[龜]의 복갑(腹甲, 거북 복부의 딱딱한 부위)이 사용되었지만, 때로는 소[牛]의 견갑골(肩胛骨, 어깻죽지 부위의 뼈)이 사용되기도 했다(이 둘을 합쳐서 '甲骨'이라 부르기도 한다). 점을 칠 때는 그것들을 얇게 갈아 조그만 구멍을 하나 뚫은 다음, 불에 달구면서 그 구멍에 열을 집중시키면 갑골 표면에 구멍을 중심으로 균열이 생긴다. '복(卜)'이라는 글자는 본래 이 '갈라져 있는 모양'을 본뜬 것이다. 이 균열을 '복조(卜兆)'라 하며, 점술가[卜者]는 그것을 보고 길흉을 점쳤다. 그리고 점을 친 내용을 복조 곁에다 써두었는데, 이것이 바로 오늘날 '복사(卜辭)'나 '갑골문(甲骨文)'(이 둘을 합쳐서 '갑골복사'라고도 한다)으로 불리는 것이다. 점을 칠 때 왜 특별히 거북이나 소를 사용했는가에 대해서는 확실하지 않다.

후한(後漢)의 『백호통(白虎通)』 등에 의하면 거북의 수명이 길기 때문이라고 하는데, 과연 그럴까? 이유는 확실하지 않지만, 앞에서 시초[蓍]에 대해 설명할 때도 이미 말했듯이, 그것들(거북과 소)이 신의 뜻[神意]을 전하는 데 걸맞는 신성한 의미를 가지고 있다고 여겨진 것만은 틀림없다.

점치기를 담당한 샤먼

그런데 이 복(卜)의 조작을 맡아서 신과 인간 사이를 매개하는 역할을 담당하는 것이 바로 무(巫)이다. 일본에서는 '미코'나 '칸나기'라고 불리는 사람들이 이에 해당하는데, 고대부터 북방아시아에 널리 퍼져 있던 샤머니즘의 '샤먼'이 바로 그들이다. 은(殷)나라 시대에는 신정시대였던 만큼 당연히 이런 무(巫)의 사회적 지위도 상당히 높았다. 재상 신분의 무함(巫咸)이라는 인물이 있었다는 것도 이를 잘 말해준다. 그러나 은대에는 또한 무(巫)의 수도 많고 종류도 다양했을 것이다. 점을 치는 방법도 오늘날에 전해진 귀복(龜卜)이라는 방법만 있지는 않았을 것이다.

은왕조의 통일은 바로 여러 부족의 통합을 의미한다. 은왕조의 최고신은 은(殷)의 조상신의 중심인 상제(上帝)이지만, 복사(卜辭)에서는 그밖에도 많은 신들의 존재를 전해주고 있다. 그 중에는 많은 자연신과 함께 다른 부족이 섬기는 신도 포함되어 있었을 텐데, 그만큼 그 신의(神意)를 알아내는 방법도 다양했을 것이다. 같은 점복이라도 북방에서는 사슴[鹿]을 사용하고 서방에서는 양(羊)을 사용한 예가 있었음이 이 사실을 입증해준다. 은왕조가 여러 부족을 통치하면서 국가행사에서의 점을 치는 방법을 하나로 통일시키기까지는, 국가적 규모가 아닌 낮은 차원의 점치는 방법[占法]들이 여러 가지 형태로 남아 있었을 것이다. 그리고 그러한 토양 속에서 드디어 은이 멸망한 후 역서(易筮, 역에 근거하여 시초를 갈라 점을 치는 것)의 방법이 생겼을 것으로 보인다.

여기서 문자학적 측면에서 볼 때, '서(筮)'라는 글자가 '무(巫)'자를 그 구성요소로서 가지고 있는 것에 주목해야 한다. 이 글자는 복사(卜辭) 단계에서는 아직 나타나지 않았다. 서(筮)는 반드시 오늘날 전해진 역서(易筮)만을 의미하지는 않지만, 아마도 무(巫)에 의해 만들어지고 발달한 일종의 점치는 방법이라는 것은 틀림없다. 그리고 서(筮)는 죽(竹)과 관련이 있는 동시에 시초[蓍]의 조작에 의한 점복(占卜)과 혼합된 것이다. 어쨌든 서죽과 시초는 신성한 식물로서 각각 특정한 신의(神意)를 전하는 것으로 받아들여졌을 것이다. 그리고 그 사용법이 본래 어떠했던가는 분명하지 않지만, 후세에 역서(易筮)로 발달한 사실에서 유추해 보면, 시초와 서죽으로써 극히 간단한 성스러운 수[聖數]를 표현하여 점을 치는 자료로 사용한 것으로 생각된다.

수(數)의 신비

고대인들에게 수(數)는 그 자체로 신비였다. 기수(奇數)와 우수(偶數)의 관계, 곱하기, 수의 서열과 순환 등은 아마도 수로서 추상적으로 생각되기 이전부터 주술적인 신비성을 지닌 것으로 여겨졌을 것이다. 이를테면 후세의 일이지만 예(禮)의 규정에 사람이 죽은 후 3일째에 빈(殯, 시신을 입관한 후 모셔두는 것)을 하고, 3개월째에 토장(土葬)을 하며, 3년이 지나야 탈상(脫喪)을 한다고 하듯이, 모두 '3'이라는 수가 사용되고 있다. 또 "천자(天子)는 7개의 사당[廟], 제후(諸侯)는 5개의 사당, 대부(大夫)는 3개의 사당, 사(士)는 1개의 사당"이라고 하듯이, 기수(奇數)로써 등급을 구별하는 것이 보편적이었다. 여기에는 무엇인가 수(數)의 주술적인 의미가 있었다고 생각해볼 수 있다.

일반적으로 수(數)의 문제를 볼 때 '2'에서 '3'으로의 발전에는 큰 의미가 있다. 자기자신과 타인이라는 둘 사이의 대립은 소박한 고대인의 의식에도 일찍부터 자리잡고 있었다. 그러나 이런 의식을 기초로 해서 제3자의 존재를 생각하고, 나아가 제3자를 독립한 '하나[1]'로 간주한 것은 커다란 비약이다. 『노자(老子)』의 생성론에서도 "하나가 둘을 낳고, 둘이 셋을 낳고, 셋이 만물을 낳는다(一生二, 二生三, 三生萬物)"라고 한 것도 역시 '3'(제3자)의 중요성을 의식한 것으로 볼 수 있다. 그런 의미에서 역이 두 가지의 부호(—, --)를 세 번 겹침으로써 8괘를 구성하고 있는 것은 매우 흥미롭다.

주자의 『주역본의(周易本義)』 서두에 '하도(河圖)' '낙서(洛書)'라는 도표가 붙어 있다. 이 도표는 『역』 「계사전」에 있는 "황하로부터 그림[河圖]이 나오고 낙수에서 글[洛書]이 나와, 성인(聖人)은 이것을 본보기로 삼았다"[17]라는 말에 근거해서 만들어진 것이다.

이 도표는 물론 후세에 만들어진 것이다. 다만 가로와 세로, 그리고 대각의 합이 모두 15가 되는 낙서(洛書)의 형태는 이른바 '구궁마방진(九宮魔方陣)'이라 하는 것으로, 이미 한나라 때의 『대대례(大戴禮)』 명당편(明堂篇)에도 보인다. '명당'이라는 신비적인 방형(方形)의 건물을 우물 정(井)자 형태로 9등분한 방에 각각 다른 수를 붙인 것이다. 이 명당이 이미 역이 만들어지기 전부터 있었다고 생각하는 것은 물론 지나치지만, 수(數)에 대한 고대적인 신비관이 그대로 전해진 것으로 봐도 되지 않을까.

---

17) 『周易』, 「繫辭上傳」. "河出圖, 洛出書, 聖人則之"

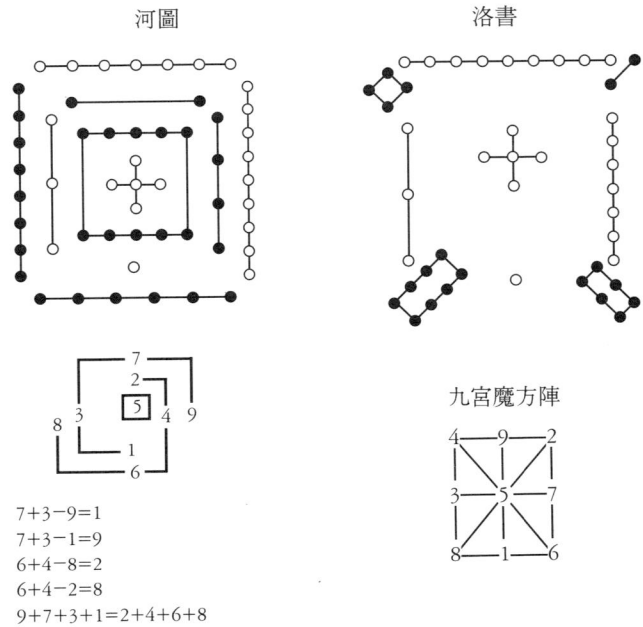

7+3−9=1
7+3−1=9
6+4−8=2
6+4−2=8
9+7+3+1=2+4+6+8

귀복(龜卜)과 점서(占筮)의 차이

"서(筮)는 수(數)이다"[18]라고 『좌씨전』 희공[僖公] 15년조에 나와 있다. 『역』의 「계사전」 역시 이런 관념을 특히 강조하고 있는데, 이같은 경향은 서법(筮法)의 설명에서도 그대로 나타난다. 그러나 그러한 설명을 기다릴 필요도 없이, 반대되는 두 가지 부호의 몇 번의 조합이라는 그 구성 자체가 이미 수의 관념과 밀접하게 관련되어 있음을 쉽게 알 수

---

18) 『左氏會箋』, 第五, 僖十五. "韓簡侍曰, 龜象也. 筮數也. 物生而後象, 而後滋, 而後有數." 참조

있다. 역을 가지고 점을 치는 방법이 「계사전」에 보이는 것처럼 완전히 정비되기까지는 훨씬 원초적인 몇몇 단계를 거쳤을 것으로 생각되지만, 역서(易筮)로서의 특색과 관련되는 것은 대체로 수(數)의 신비, 또는 수의 마술이라고도 할 수 있는 관념으로부터 출발하고 있다고 볼 수 있다.

귀복(龜卜)과 점서(占筮)의 결정적인 차이는 바로 여기에 있다. 그것들은 둘 다 점을 치는 것이라는 면에서, 그리고 신의 뜻을 묻고 듣는다는 주술성을 본질로 하고 있다는 면에서는 완전히 일치한다. 그렇지만 시대의 발전과 함께 그러한 종교성은 점차 약해지게 된다.

점서(占筮)가 수(數)와 관련을 맺게 되면, 신(神)과의 주술적인 관계를 떠나서도 어떤 과학적인 근거를 갖는 것처럼 착각하게 만드는 힘을 갖게 된다. 다시 말해서 점서(占筮)는 종교성이 희박해진 시대가 되더라도 여전히 존속할 수 있는 조건을 갖추고 있다고 할 수 있다. 사실 역서(易筮)는 이처럼 합리적인 해석을 내리면서 드디어 유교의 경전으로까지 되었던 것이다.

귀복(龜卜)은 그렇지 않다. 이것은 신의(神意)라는 계시가 직접적으로 표현된 것인 만큼, 본래부터 보다 강한 종교성에 의지할 필요가 있었다. 주나라 시대 이후로 귀복이 급속도로 쇠퇴하고 서(筮)가 그 기능을 대신하게 된 데는 물론 귀갑(龜甲)을 구하기 어렵다는 외면적인 사정도 있었겠지만, 주된 원인은 이 종교성이 점차 약해진 것과 관련이 있을 것으로 보인다. 그런데 점서(占筮)가 주류를 이루었던 춘추시대 이후에도 여전히 귀복(龜卜)을 한 사례가 있었다. 그리고 "서(筮)는 짧고, 귀(龜)는 길다"[19]라 해서, 귀복을 좀더 중요시하는 말도 전해지고 있다. 이러한 경

---

19) 『左氏會箋』, 第五, 僖四. "公曰從筮. 卜人曰, 筮短龜長, 不如從長." 참조

향은 후세까지도 남아 있었는데, 그 이유는 대체로 귀복의 역사적 가치와 희소성 때문일 것이다.

인간적인 자각이 합리성을 요구한다

실제로『좌씨전』은 인간의 의지나 윤리적인 자각이 신의 뜻을 전달하는 점복(占卜)을 거부하거나 혹은 제약하고 있음을 여러 차례 언급하고 있다. 초(楚)나라의 영왕(靈王)은 천하를 정복하려는 문제를 놓고 귀복(龜卜)을 행했는데, 그 결과가 '길하지 않다[不吉]'로 나오자, 거북의 복갑을 던져버린 채 하늘을 향해 욕을 하면서, "이 하찮은 천하를 나에게 주지 않는단 말인가. 내 스스로 취해 보이겠노라"20)고 외쳤다. 또 주(邾)의 문공(文公)은 수도를 옮기는 문제로 귀복을 행한 결과, "백성들에게는 이롭지만 군주에게는 불리하다"라는 점괘가 나왔다. 이에 문공은 "백성들에게 이롭다면 나에게도 이로운 것이다"라고 말하고, 점괘에 관계 없이 수도를 옮겼다.21) 인간적인 자각의 발전으로 인해, 이처럼 신의 뜻을 거스르는 사례는 더욱 빈번해질 것이다. 그 결과 점서(占筮)의 방법도 점차 복잡한 것으로 정비되어, 결국 합리적인 해석과 설명을 덧붙이지 않을 수 없게 되었다.

신성한 식물로 여겨진 시초나 대나무를 사용하여 성수(聖數)를 그려내 점을 치는 서법(筮法)은 기수(奇數)와 우수(偶數)를 조합시켜 8괘를

---

20)『左氏會箋』, 第二十三, 昭十三. "初靈王卜曰, 余尙得天下, 不吉. 投龜詬天而呼, 曰是區區者而不余畀, 余必自取之."
21)『左氏會箋』, 第九, 文十三. "邾文公卜遷于繹. 史曰利於民, 而不利於君. 邾子曰苟利於民, 孤之利也."

얻는 단계에 이르러서 일단 그 완성을 보았을 것이다. 이어 8괘를 겹쳐서 64괘가 되고, 서법(筮法)도 더욱 복잡해졌는데, 그 후 다시 괘사와 효사가 덧붙여짐으로써 그 합리성이 더욱 증대되었다. 그리고 『역경(易經)』으로서 유교의 경전이 되면서, 역을 가지고 점서(占筮)하는 방법은 드디어 다른 다양한 점법(占法)들을 제압하고 중국의 지식인들에게 정통적인 방법으로 인정받게 되었다.

3. 중국의 지식인과 점서(占筮)

점을 치는 다양한 방법

귀복(龜卜)과 점서(占筮) 외에도 여러 종류의 점을 치는 방법들이 있다. 전한(前漢) 말, 즉 예수가 태어나기 수년 전 무렵에 칙명에 의해 왕실에서 도서목록이 만들어졌다.[22] 이 목록은 여섯 부문으로 분류되어 있는데, 그 중에 '수술(數術)'이라는 부문이 있다. 귀복(龜卜)과 점서(占筮)에 관련되는 책은 '시귀(蓍龜)'라는 이름으로 분류되어 있고, 그 외에 점몽(占夢, 꿈에 대한 점), 성산(星算, 별점), 추보(推步, 천문의 움직임에 의한 점), 상의기(相衣器, 의복이나 도구에 의한 점), 상보검도(相寶劍刀, 보검에 의한 점), 상인(相人, 관상점), 상택(相宅, 집에 관한 점), 상지(相地, 풍수지리), 상륙축(相六畜, 가축점) 등에 관한 책들도 들어 있다. 또 기록으로 남아 있지는 않지만, '풍각(風角)'이라 해서 '바람의

---

22) 전한 말 유흠(劉歆)이 지은 「七略」. 『漢書』卷三十 藝文志에 실려 있다. — 지은이

방향이나 소리에 의한 점'에서부터 '조명(鳥鳴)'이라는 '새의 울음소리로 점을 치는 것'에 이르기까지 다양한 형태의 점치는 방법들이 존재했다. 점몽(占夢)과 점성(占星)의 실례는 이미 『좌씨전』에도 보인다. 먼 옛날부터 다양한 형태의 점법들이 존재했음을 알 수 있다.

이처럼 다양한 점(占)은 민간의 주술적인 미신과 결부되어 후세에까지 성행해왔다. 이들 점복(占卜)은 역서(易筮)와 결부되어 이용되는 경우도 있었다.

그러나 중국의 전통적인 지식인들에게 그러한 잡점(雜占)들은 역의 점(占)과는 비교도 될 수 없이 수준이 낮은 미신으로 여겨졌다. 역의 점(占)과 그 밖의 점법(占法)들은 점(占)이라는 본질에서는 서로간에 별다른 상이점이 없는데 왜 그러한 차이가 생긴 것일까? 그 이유는 무엇보다도 『역』이 성인 공자(孔子)의 손을 거쳐 편찬되었고, 오경(五經)의 하나로서 유교의 권위를 상징하게 되었기 때문이다. 그러나 바로 앞에서도 설명했듯이, 역서(易筮)의 수학적 메커니즘이 그 본질로서의 신비적 주술성을 잊게 하고, 마치 합리적인 과학적 체계에 근거하고 있는 것 같은 착각을 불러일으킨다는 데 보다 큰 원인이 있었던 것으로 생각된다.

역사적으로 보면 물론 변화는 있지만, 중국의 정통사상인 유교는 본래 합리주의적인 사상이었다. 다만 합리주의라는 말의 의미와 내용이 너무 광범위해서 정확히 정의할 필요가 있다. 서양근대의 합리주의와 비교할 때 한계가 있다는 것도 부정할 수 없다. 나는 유교의 합리주의를 '현실적 합리주의'라고 부르는데, 다시 말하면 이 현실의 인간생활을 중시하는 합리주의이다. 인간의 문제를 확실하게 해결하려는 데 사고를 집중시키고, 그 외의 신의 문제나 자연의 문제 등의 애매하고 의문투성이의 세계에 대해서는 큰 관심을 두지 않는 합리주의이다.

공자의 합리주의

공자의 유명한 말에 "귀신을 공경하되 이를 멀리하는 것, 이것을 안다고 해야 한다"[23]라는 것이 있다. 공자의 합리주의적 성격을 이 말보다 더 분명하게 보여주는 것은 없다. 귀신을 멀리하라는 것은 신비적인 존재에 대해 회의적인 태도를 취하되 이를 정면으로 문제삼는 것은 피하라는 뜻이다. 즉, 공자의 주장은 귀신을 섬기는 것보다는 사람을 섬기는 것이 중요하며, 죽은 후의 문제보다는 살아 생전의 문제가 더 절실하다는 것이다. 또 공자가 "이상한 힘과 어지러운 신[怪力亂神]은 말하지 않았다"[24]라고 한 것도 역시 일관되고 분명하게 합리주의적 입장을 견지하고 있음을 보여준다. 그러나 여기에서 "귀신을 공경하되"라는 대목이 문제인데, 그가 "공경한다"고 말한 이유는 그 스스로 귀신의 존재를 인정하고 그것을 두려워하는 심정이 있었던 것으로 볼 수 있다. 아마도 귀신은 공자에게 이성(理性)의 문제라기보다는 감정(感情)의 문제였을 것이다. 어쨌든 공자의 합리주의는 현실을 벗어난 세계로까지 곧장 뻗쳐 나가는 성질의 것은 아니었다.

이처럼 애매하고 의심스러운 문제를 확실하게 규명하기보다는 그저 냉담하게 대처하는 것이 이성적이라는 태도는 불가지(不可知)의 세계는 불가지로서 그대로 남겨두는 것이다. "아는 것은 안다고 하고, 모르는 것은 모른다고 한다"[25]는 것이 바로 이런 태도를 가리키는 말이다. 공자에게 '하늘[天]'이라는 존재는 실로 그러한 불가지의 세계의 중심을 이

---

23) 『論語』, 雍也. "樊遲問知. 子曰, 務民之義, 敬鬼神而遠之, 可謂知矣." 참조.
24) 『論語』, 述而. "子不語怪力亂神." 참조.
25) 『論語』, 爲政. "子曰由, 誨女知之乎. 知之爲知之, 不知爲不知, 是知也." 참조.

루는 것이었다. 그리고 그것은 높은 윤리성을 근저에서부터 지탱해주는 것이었지만, 반대로 또한 저속한 주술적 미신이 유가사상 속으로 슬쩍 흘러드는 계기이기도 했다. 다시 말해서 유교는 한편으로 신비함이나 불합리에 대한 경계의 태도를 늦추지 않는 한편, 그것들을 엄격하게 거부하기보다는 오히려 어느 정도 사회의 통념에 따르는 관용도 가지고 있었던 것이다.

주자(朱子)의 방법

송나라의 주자는 공자로부터 보면 무려 1,600년이나 뒤에 등장한 합리주의자이자 무신론자였는데, 그런 점에서는 공자와 거의 마찬가지 입장을 보여준다. 그는 일찍이 "도마뱀이 산 위에서 눈을 내린다"는 세속의 믿음[俗信]에 관해 질문을 받았을 때 다음과 같이 답하고 있다. "내 친구 아무개는 좀처럼 거짓말을 하지 않는 신용 있는 사람이다. 이 친구는 어느 날 수많은 도마뱀이 산 위에서 좁쌀을 던지는 것을 보았는데, 마을로 내려와 사람들에게 눈이 왔는지 물어보면, 눈이 내린 시간과 그가 도마뱀들을 본 시간이 일치했다고 한다. 이 친구의 말을 믿으면 아마도 도마뱀이 눈을 내린다는 것도 있을 수 있다"[『朱子語類』卷二]. 물론 주자의 이성은 이러한 속신을 믿는 것을 허락하지는 않는다. 그에게는 자기 나름의 독자적이고 합리적인 자연철학이 있었기 때문이다. 그럼에도 불구하고 주자는 이 미신을 거부하지 않고, 믿을 만한 친구의 증언이라는 이유만으로 소극적이기는 하지만 그것을 인정하고 있다. 합리주의로서는 철저하지 못한 한계가 있다고 해야 할까? 그것은 요컨대 과학적 합리주의와는 완전히 다른 종류의 합리주의였다.

『역』이 유교의 경전이 된 것은 당연히 거기에 합리적인 검증에 답할 만한 사상성(思想性)이 있었기 때문이다. 그러나『역』의 점(占)은 오히려 신비적인 주술과 관련되는 기술까지도 두루 포용함으로써 성립되었는데, 이는 앞에서도 언급했듯이 유교사상의 넓은 관용성에서 연유하는 것이었다. 그래서 중국의 지식인들은『역』을 읽더라도 일반적으로 점서(占筮)만을 적극적으로 강조하지는 않는다. 한(漢)나라의 엄군평(嚴君平)은 은자(隱者)로서 유명했는데, 생활의 방편으로 돈을 받고 점을 쳐준 경우도 있었다. 다만 그는 미래를 내다볼 뿐만 아니라 사람들에게 도덕적인 교훈까지 일러주었다고 한다[『漢書』王貢兩龔傳]. 이렇게 점을 치는 방법이 바로 지식인들이 바라는 이상적 형식이었다. 주자는『역』에 대해 점서(占筮)의 책으로서의 성격을 강조한 사람이지만, "후세의 유학자가 복서(卜筮)의 설을 무시하지 말라"고 하는 태도도 좋지 않지만, "견식이 없는 비속한 사람이 거기에 깊이 빠져들어 집착하는" 것도 좋지 않다고 경계하면서, "그러므로『역』은 어려운 책이다"라고 말했다[『朱子語類』卷六十六]. 여기에서 언급되듯이, 대체로 합리주의적 유학자[儒者]는 점서(占筮)를 경시했다. 그러나 이 유가적 합리주의는 점서(占筮)를 부정하는 것이 아니라 경전의 일부로 받아들이면서, 점서야말로 그 밖의 다양한 잡점(雜占)에 비해 그 수준이 월등히 높은 방법이라고 용인했던 것이다.

육우(陸羽)의 방법

그러면 여기서 중국 지식인들의 점서(占筮)에 대한 태도를 다시 한 번 살펴보자.

　『다경(茶經)』을 저술하여 다도(茶道)의 시조로 여겨져온 당(唐)나라의 육우(陸羽)에 관한 이야기다. 그는 아주 어렸을 때 버려져 물가에서 구해졌다고 전해질 뿐, 출생지나 성씨는 전혀 알 수 없었다. 어른이 된 후 스스로 그 일에 대해 점을 치자 '蹇䷦之漸䷴'가 나왔다. 즉, 본괘(本卦)가 건(蹇)이고 그 상륙(上六, 맨 위의 6번째 음효)이 변효이므로, 음에서 양으로 변하여 지괘(之卦)인 점(漸)괘가 얻어진다는 뜻이다. 보통이라면 건(蹇)의 상륙(上六)의 효사가 점을 판단하는 중심이 되겠지만, 육우는 이 경우에 이런저런 여러 가지를 생각했을 것이다. 어쨌든 결국은 지괘인 점(漸)의 상구(上九, 맨 위의 6번째 양효)의 효사를 채용했다. 그러나 자신의 출생지나 조상을 찾아낼 수 있다는 점괘가 나온 것은 아니었다. 그러자 그는 이 점괘로 자신의 성씨를 정했다. 점(漸)의 상구(上九)에는 "큰 기러기가 땅으로 나아간다(鴻漸于陸). 그 날개(羽)를 사용해서 위엄스런 모습을 얻을 수 있다. 길하다"[26]라고 나와 있다. 그래서 성은 육씨(陸氏), 이름은 우(羽), 그리고 자(字)는 홍점(鴻漸)이라고 정했다. 이는 역서(易筮)가 다른 용법으로도 쓰인다는 것을 알려주는 좋은 예이다. 육우가 과연 처음부터 이름을 지으려고 점을 쳤는지, 아니면 자신의 출생에 얽힌 의문 등을 풀어보려고 점을 쳤는지는 확실하지 않지만, 아마도 전자일 것이다. 이런 식의 점은 신의 뜻을 묻는 그것은 아니다[『新唐書』 隱逸傳].

---

[26] 『周易』, 「下經」, 漸. "上九 鴻漸于陸. 其羽可用爲儀 吉."

죽을 날을 미리 안다

 물론 같은 책 「은일전(隱逸傳)」에는 점치기의 본질로서 미래를 미리 내다보는 것과 관련되는 대목도 눈에 띈다. 위대경(衛大經)이라는 사람은 세상사람들로부터 '역성(易聖)'이라 불릴 정도로 유명한 사람이었는데, 자신이 죽을 날을 미리 점쳐서 스스로 묘를 만들고 그 예언대로 죽었다고 전해진다. 이같은 이야기는 다른 데서도 보인다. 『후한서(後漢書)』「방술전(方術傳)」에는 절상(折像)이라는 사람이 경씨역(京氏易)에 통달해서 역시 자신이 죽을 날을 미리 알았는데, 드디어 그날이 오자 친구와 친척들을 불러모아 주연을 베푼 뒤 이별의 인사를 남기고는 홀연히 죽었다고 한다. 여기에는 자신의 운명에 대한 달관의 태도가 엿보이는데, 이는 이미 점서(占筮)의 기술이나 신의 뜻을 넘어선 차원이라 해도 좋을 것이다.
 위(魏)나라의 관로(管輅)는 많은 일화가 전해질 정도로 점서(占筮)의 명인이었다. 그에 관한 고사는 대부분 사라졌지만, 그가 이상한 일들에 대해 점을 쳐서 해결한 몇 가지 이야기는 『수신기(搜神記)』라는 육조시대의 괴담소설에도 들어 있다. 그 역시 자신이 죽을 날을 미리 알아서 태연하게 죽음을 맞이했는데, 한때는 종육(鐘毓)이라는 고관과 다음과 같은 교류가 있었다. 먼저 관로가 스스로 "그대의 생사일(生死日)에 대해 점을 쳐 보이겠소"라고 자청하자, 종육은 시험삼아 자신의 생년월일을 알아맞혀 보라고 했다. 이에 관로가 정확하게 알아맞히자, 종육의 안색이 바뀌었다. 그러자 관로는 "죽음도 삶도 하나의 길입니다. 자연은 끝나면 또 시작합니다. 어찌 두려워할 일이 있겠습니까? 서죽(筮竹)을 사용하여 점을 치는 것은 어디까지나 하늘의 뜻을 알아보려는 게 아니겠습니까"라고 말했다. 이에 종육은 "삶은 좋은 것이고 죽음은 싫은 것, 나는 삶과 죽음을 같은 것으로 여길 만큼 달관하지 못했소. 내 운명은 하늘에 맡기려오. 그대의 점(占)에는 맡기지 않겠소"라고 대답했다.

운명을 달관해서 점서(占筮)의 결과에 개의치 않은 관로도 훌륭하지만, 자신을 잘 알아서 스스로의 운명을 하늘에 맡긴다고 잘라 말한 종육도 훌륭하다. 여기서 말하고자 하는 것은 점서(占筮)를 남용하지 말라는 것이다[『三國志』 魏志 方技傳注, 管輅別傳].

점술가와 지식인

남북조시대 양(梁)나라의 완효서(阮孝緖)라는 사람은 풍류를 즐기는 고결한 은자로서 유명했다. 어느 날 점술가[易者]로서 평판이 높은 장유도(張有道)라는 사람이 찾아와서 "당신은 은자의 모습으로는 매우 훌륭한데, 마음 속은 어떻습니까? 점을 쳐보지 않고는 알 수 없습니다"라고 말했다. 서죽을 갈라 5번째 효[第五爻]까지 가자 ☷ 형태가 나왔다. "다음에 음(陰, --)이 나오면 함(咸, ䷞)괘가 됩니다. 함(咸)은 세상사와 감응하는 것을 뜻하므로 은둔의 표시는 아닙니다"라고 장유도가 주장했다. 완효서 같은 사람도 마음 속으로는 역시 명리(名利)를 탐하고 있다는 뜻이 아닐까 하는 의미였다. 완효서가 대답했다. "아닙니다. 다음의 한 효[一爻]가 양(陽, —)이 아니라는 법도 없습니다." 과연 그의 말대로 양이 나와서 둔(遯, ䷠)괘가 되었다. 그러나 노양(老陽), 즉 상구(上九)가 변효였다. 장유도가 감탄하면서 "이것이야말로 '비둔(肥遯)이니, 이롭지 않을 수 없다'[27](遯 上九의 효사)이올시다. 이 괘의 형태는 당신의 덕행에 딱 들어맞으니 역시 당신은 마음과 행동이 일치하는군요"라고 말했다. 비둔(肥遯)이란 '마음 편하게 여유 있는 은둔, 이미 세속과는 완전히 마음을 끊어버린 유유자적한 은둔'을 뜻한다. 장유도가 감탄한 것도 당연한 일이었다. 그러나 완효서의 뜻은 훨씬 높았다. "은둔한다는 괘는 얻었지만, 상구(上九)의 효(爻)는 신선(神仙)이 되는 길을 보여주지는 않았다. 신선이 될 수는 없을 것 같다. 속세를 멀찌감치 떠나서 살아갈 뿐이다"[『南史』 阮孝緒傳, 『梁書』].

점을 치는 것을 직업으로 하는 사람들이 이미 한나라 무렵부터 있었다는 것은 앞의 엄군평(嚴君平)의 예에서도 알 수 있다. 『사기(史記)』 「일자열전(日者列傳)」에는 사마계주(司馬季主)라는 사람이 수도 장안(長安)의 동쪽 시장에서 돈을 받고 점을 쳐주는 일[賣卜]을 했다는 기록이 보인다. 그처럼 직업적인 점술가들 중에는 세속에 아부하는 사람도 있었을 것이다. 그러나 엄군평도 고상한 사람이었지만, 당나라 측천무후(則天武后)의 조카인 무유서(武攸緒)도 명리를 탐하지 않고 욕심이 없는 사람이었다. 그는 역을 좋아한 나머지 자기 이름을 바꾼 채 장안의 거리에서 점을 쳐주는 일을 했는데, 돈이 들어오면 그 돈을 버렸다고 한다. 북송(北宋)의 직업적 점술가에 대해서는 다음과 같은 이야기가 있다. 진종(眞宗)으로부터 인종(仁宗) 때에 이르기까지 차례로 재상에 오른 네 사람의 젊은 시절의 일화이다. 수도 개봉(開封)의 상국사(相國寺)로 놀러간 그들은 우연히 같은 점술가의 가게에서 장래에 대해 점을 쳤다. 먼저 장사손(張士遜)과 구준(寇準)이 함께 들어가자, 점술가는 "둘 다 재상이 될 것입니다"라고 점을 쳤다. 밖으로 나온 두 사람은 그들 다음으

---

27) 『周易』, 「下經」, 遯. "上九, 肥遯, 無不利."

로 역시 점을 치고 나온 장제현(張齊賢)에게 갔는데, 그 역시 재상이라는 점괘가 나왔다. 다음에 들어간 왕수(王隨) 또한 마찬가지였다. 점술가는 깜짝 놀라서 "하루 사이에 네 사람의 재상이 나왔다"고 탄식했는데, 이들 네 사람은 서로의 얼굴을 보면서 마음 속으로 무엇인가 기대하는 바가 있었다. 그러나 이 점술가는 그 후로 스스로 자신감을 잃어버렸던지, 세간의 평판도 나빠져서 손님이 뚝 끊겨 마침내 문을 닫고는 굶어 죽고 말았다. 점괘대로 차례로 재상이 된 네 사람은 이 점술가를 동정하여 그의 전기(傳記)를 엮어 남기려 했다고 한다[『宋人軼事彙編』卷六]. 송나라의 번화가에 자리잡은 점술가 가게와 그곳을 찾는 지식인들의 모습을 잘 보여주는 재미있는 이야기다.

    점서(占筮)에 한 설명은 일단 여기서 끝내기로 한다. 화제는 점서(占筮)로부터 의리(義理)의 역으로 넘어가지만, 그 사이에 『역』이 유교의 경전으로 완성되기까지 그 성립의 역사를 살펴볼 필요가 있다. 어쨌든 우리가 다루고 있는 『역경』이 모든 것의 중심인 이상, 그 성립의 역사 자체가 이미 점서로부터 의리로의 전개를 보여주기 때문이다.

3
『역경』의 성립

1. 전설

『역』은 세 사람의 성인(聖人)을 거쳤다

앞에서 살펴본 역의 구성을 다시 한 번 상기해보자. 8괘와 그것을 겹친 64괘의 형태는 곧바로 이해할 수 있을 것이다. 8괘는 3개의 효로 이루어지고, 64괘는 6개의 효로 이루어진다. 다음에는 그 괘의 설명인 괘사(卦辭, 단사[彖辭])와 효의 설명인 효사(爻辭, 상사[象辭])가 있는데, 여기까지가 『역경』의 핵심적 부분인 '경(經)'이다. 다시 말해서 역의 점서(占筮)에는 어쨌든 여기까지가 필요한 것이다. 이것들에 의하지 않는 점(占), 즉 몇 번의 시초[蓍]를 가르는 것만으로는 역을 가지고 점을 친다고 말할 수 없다. 그리고 이 '경(經)'의 내용을 보충하는 해석이라고 할 수 있는 '십익(十翼)'이 있다. '십익'은 직접적으로 '경의 문장[經文]'을 해석하는 「단전」·「상전」과, 그 밖의 다양한 각도에서 전반적인 해설을 시도한 「계사전」 이하 7개의 전(傳)으로 나누어져 있다.

이러한 『역』이 바로 『역경』 혹은 『주역』이라는 명칭으로 우리들 손에 전해지고 있는 책이다. 그렇다면 이 책은 어떻게 해서 만들어진 것일까? 여기에는 명확히 하기 어려운 복잡한 문제가 있다. 그러나 이 문제를 풀어헤쳐서 『역경』의 성립 사정을 살펴보는 것이 곧 『역경』의 성질을 아는 것이기도 하다. 많은 뛰어난 선배 학자들의 업적을 바탕으로, 여기서 그 대강을 살펴보고자 한다.

먼저 『역』의 성립에 관해서는 유명한 전설이 있다. "역의 진리[易道]는 깊다. 사람은 세 성인을 거치고, 시대는 삼대를 거쳤다(易道深, 人更三聖, 世歷三古)"[『漢書』藝文志]라는 말이 있다. 역은 삼대에 걸쳐 세 사람의 성인의 손을 통해 완성되었기 때문에 그만큼 깊은 뜻이 있다는 것이다. 세 사람의 성인은 바로 복희(伏犧[包犧])와 주(周)의 문왕(文王), 그리고 공자(孔子)이다.

복희, 문왕, 공자

복희라는 존재는 그야말로 전설상의 고대 제왕으로서, 얼굴은 사람의 모습이지만 몸은 소[人面牛身]였다고 전해진다. 문왕은 실제로 존재했던 인물로서 주(周)왕조의 시조인데, 제왕으로서의 자격을 충분히 갖추었으면서도 은(殷)나라 최후의 폭군이었던 주(紂)왕에게 출사(出仕)했다고 한다. 이 두 사람과 『역』의 관계에 대한 최초의 기록이 『역』의 「계사전」에 보인다. 여기에는 복희가 천지(天地)의 만상(萬象)을 관찰해서 비로소 8괘를 만들었으며, 역이 발흥한 것은 은나라 말기로서 주나라의 덕(德)이 이미 융성해졌을 때, 즉 문왕과 주(紂)왕 사이의 일과 관계된다고 서술되어 있다. 다만 문왕이 어떤 이유로 만들었는지에 대해서는 확실한 설명이 없다. 그런데 사마천(司馬遷)의 『사기』에 이르러 「계사전」의 내용을 근거로 해서 다양한 해석이 나왔는데, 이같은 내용을 종합해서 정리한 것이 바로 당나라 때 발간된 『주역정의(周易正義)』이다. 이 책에는 복희가 8괘를 만들었을 뿐만 아니라 이를 겹쳐서 64괘를 만들었다고 되어 있고,[1] 문왕은 주(紂)왕에게 붙잡혀 감옥에 갇힌 어려운 환경 속에

---

1) 『史記』에는 重卦(8괘를 겹쳐 64괘로 만드는 것)를 한 인물이 文王이라고 되어 있는데, 그 밖에 神農이나 夏의 禹王 등이 64괘를 만들었다는 설도 있다. 『周易正義』는 魏의 王弼의 설에 따라 伏羲로 정했다. — 지은이

서 괘사를 집필했으며, 문왕의 아들인 주공(周公) 단(旦)이 그것을 보완해서 효사를 집필했다고 기록되어 있다.2)

공자에 대해서는 『사기』의 공자세가(孔子世家)에 다음과 같은 기록이 나온다. 공자가 만년에 역을 좋아하여 위편삼절(韋編三絶, 가죽으로 묶은 끈이 세 번이나 끊어짐)할 정도로 숙독했다는 이야기는 익히 알려져 있고, 또한 "序彖繫象說卦文言"이라는 약간 해석하기 어려운 대목이 보인다.3) 이것을 "단(彖)의 차례를 만들고 상(象)을 연결하며 …"라고 읽을 것인가, 아니면 "序, 彖, 繫 …"로 띄어서 읽을 것인가(십익의 나열), 그것도 아니면 '序' 한 글자만을 동사로 보고 나머지를 명사로 해석할 것인가?(「단전」, 「계사전」, 「상전」, 「설괘전」, 「문언전」의 순서를 결정했다.) 어느 쪽으로 해석해도 십익(十翼)의 편명(篇名)과 관계가 있는 것은 틀림없다. 그리고 여기서 공자가 만년에 역을 좋아했다는 것은 『논어』 술이편의 "내가 나이 오십에 역을 공부한 것은 큰 허물이 없도록 하기 위해서다"4)라는 공자의 말에 근거한 것이다. 그리고 『한서(漢書)』에는 분명히 공자가 십익(十翼)을 지은 것으로 되어 있다.

오랜 세월, 많은 사람들에 의해 이루어졌다

『역』이 세 사람의 성인의 손을 거쳐 만들어졌다는 전설은 앞에서 설

---

2) 『周易正義』에서 爻辭의 作者를 周公이라 한 것은 효사의 문장 중에 文王이 죽은 후의 일들이 들어 있어서, 모든 것을 문왕이 썼다고 할 수 없었기 때문이다. 그리고 세 사람의 聖人 중에 주공이 빠져 있는 것은, 주공의 업적이 이미 아버지 문왕에 의해 대표되었기 때문이다. ─지은이
3) 『史記』, 孔子世家. "孔子晚而喜易, 序彖繫象說卦文言. 讀易, 韋編三絶, 曰假我數年若是, 我於易則彬彬矣." 참조.
4) 『論語』, 述而. "子曰, 五十以學易. 可以無大過矣."

명했다. 즉, 복희가 8괘와 64괘를, 문왕(주공)이 괘사와 효사를, 공자가 십익을 만들었다는 것이다. 그런데 이 세 사람이 살았던 시대의 격차가 매우 크기 때문에, 『역』은 그만큼 오랜 세월에 걸쳐 뛰어난 사람들에 의해 정리된 것으로 볼 수 있다.

물론 이러한 기록들은 『역경』의 경전으로서의 중요성을 강조하기 위해 지어낸 전설이다. 이 전설이 역사적 사실로서 인정될 수 없다는 것은 문왕의 보조자로서 주공(周公) 단(旦)을 등장시킨 데서도 확실하게 드러난다. 효사 중에는 주공이 죽은 후의 일까지도 기록되어 있다는 것이 그 후의 연구에서 명백하게 밝혀졌다. 『역』의 내용 자체가 세 사람의 성인이 지었다는 전설을 그대로 받아들일 수 없음을 보여주는 것이다. 공자와 역의 관계도, 『논어』에 있는 '역'이라는 문자는 다른 텍스트들에서는 '亦'으로 되어 있다. 그러한 의미로 읽는다면, "오십이 되어 배워도 역시 큰 허물이 없을 수 있다"(五十以學, 亦可以無大過矣)가 되어 역과는 아무런 관계도 없게 된다. 그리고 무엇보다도 십익의 내용이 매우 다양하고 복잡해서, 어떤 한 사람이 모든 것을 지었다고 보기에는 아무래도 무리가 있다. 이미 북송시대의 구양수(歐陽修)는 『역동자문(易童子問)』을 지어서, 십익이 공자의 작이 아니라고 주장했다.

"역의 진리는 깊다. 사람은 세 성인을 거치고, 시대는 삼대를 거쳤다"라는 문장은 하나의 아름다운 시(詩)라고 생각해도 좋을 것이다. 유교 경전으로서 『역경』이 갖는 특별한 중요성은 이처럼 감동을 불러일으키는 말들에 의해 아름답게 빛나고 있는 것이다. 그런데 『역』은 과연 어떤 과정을 거쳐 성립되었을까?

세 가지의 역이 있었다?

역의 전설로서는 또 한 가지가 있다. 그것에 대해서도 여기서 언급하도록 하자. 다름아니라 『역』을 '연산(連山)' '귀장(歸藏)' '주역(周易)'의 세 종류로 보는 이른바 삼역설(三易說)이다.

'삼역(三易)'이라는 명칭은 주나라의 제도를 기록한 것으로 여겨지는 『주례(周禮)』에 "태복(太卜)이라는 복서(卜筮)를 담당하는 관직이 이들 세 가지 역을 관장했다"고 하는 부분에 보인다. 그 후의 주석 등에 의하면, '연산(連山)'은 복희(伏羲) 또는 신농(神農)으로부터 나와 하(夏)왕조에서 사용되었고, '귀장(歸藏)'은 황제(黃帝) 또는 신농(神農)에서 시작되어 은(殷)왕조에서 사용되었으며, '주역(周易)'은 열산씨(列山氏) 또는 황제(黃帝)로부터 나와 주나라 시대에 사용되었다고 한다. 요컨대, 이 '주역(周易)'이 바로 오늘날에 전해지는 『역』으로서, 그 전에 이미 두 가지의 오래된 역이 있었다는 것이다.

다만 문제의 '연산(連山)'이나 '귀장(歸藏)'이 어떠한 것이었는지에 대해서는 확실하게 알 수 없다. 후한(後漢)의 정현(鄭玄)은 그 명칭에 관해서 "연산(連山)이란 산(山)으로부터 나온 구름이 이어져[連] 끊어지지 않는 모양을 상징하고, 귀장(歸藏)이란 만물이 모두 그 안에 돌아가 간직한다[歸藏]는 것이다"라는 식으로 설명하고 있지만, 아마도 즉흥적으로 생각해낸 말일 것이다. 삼역(三易)을 각각 하(夏)·은(殷)·주(周) 삼대(三代)에 배당하는 것도 정현의 주석에서 자주 보이는데, 어떤 특별한 근거가 있다고는 볼 수 없다. 후한(後漢) 초기의 환담(桓譚)의 『신론(新論)』에는 "연산은 8만언(言), 귀장은 4천3백언"이라는 기록이 있어서 당시에 일정한 분량의 책이 있었다고 여겨지지만, 한나라 때의 도서목록인 『한서(漢書)』「예문지(藝文志)」에는 실려 있지 않다. 그 후 수당(隋唐) 시대에는 '귀장 13권'이라는 것이 전해져 있었는데 아마도 위작인 듯하고, 송대에 이르러 그 잔권(殘卷)이 민간에서 발견되기도 했다[『통지(通志)』「藝文略」].

'주역(周易)'이라는 명칭은 『좌씨전』에도 보인다. '주대(周代)의 역'이라는 의미로 해석할 수도 있는데, 그 내용은 오늘날의 『역』과 거의 같다. 그러나 '연산'이나 '귀장'이 오래 전부터 존재한 것으로 여길 만한 흔적은 없다.5)

역으로 점을 치는 방법이 애초부터 오늘날과 같이 정비된 것은 아니었다는 것은 앞에서도 언급했지만, 이 전설은 그러한 오래된 점치는 방법들의 존재를 나타내주는 것으로서만 의미가 있을 뿐이다. 말하자면 역으로 점을 치는 방법의 발전단계를 우선 세 단계로 구분하여, 태복(太卜)이라는 관직이 이를 담당하게 되면서부터 형식적으로 정리되었음을 보여준다. '연산(連山)'이나 '귀장(歸藏)'이라는 오래된 별개의 역이 하나의 종합된 형태로 전해지고 있었다는 사실을 보여주는 것은 아니라고 생각해도 좋을 것이다. 따라서 후한(後漢) 이후에 나타난 같은 이름의 ('연산'이나 '귀장'이라는 제목이 붙은) 책들은 당연히 위작(僞作)이다.6) 전한(前漢) 말에서 후한(後漢)에 걸쳐 일반적으로 경전의 해석을 신비적으로 해석하는 위서(緯書)가 유행했는데, '연산(連山)'이나 '귀장(歸藏)'

---

5) 『左氏傳』에는 현재의 『周易』에 있는 것과 내용이 완전히 다른 문장이 두 군데 있어서, 淸의 顧炎武는 連山, 歸藏에 있던 글이 아닐까 의심했다. 그러나 이것 외에도 『左氏傳』에는 『周易』과 부분적인 차이가 있는 문장도 들어 있다. 따라서 이 두 군데를 『周易』의 다른 문장 표현법[異文]으로 보는 것도 가능하기 때문에, 고염무의 주장에도 문제가 있다고 생각한다. ―지은이

6) 淸의 馬國翰의 저서 『玉函山房輯佚書』에 僞作의 「連山」과 「歸藏」의 단편들이 들어 있다. ―지은이

도 이 시기에 위작된 것이 아닌가 생각된다.

2. 괘사와 효사의 성립

64괘가 성립된 시기

역은 본래 8괘의 구성으로부터 출발한 것이었다. 그것은 귀복(龜卜)을 계승하여 수(數)의 관념을 기초로 했다는 데 특징이 있다. 그리고 최초의 역서(易筮)는 아마도 이 8괘만으로 행해졌을 것이다. 오늘날의 64괘의 역을 보더라도 그 괘의 의미[卦象]는 어디까지나 8괘를 기초로 해서 이루어졌기 때문에, 역의 내용에 대해 8괘를 중심으로 판단하는 경향이 대단히 강하다. 이는 8괘만으로 점을 쳤던 기간이 어느 정도 지속되었음을 보여주는 것이라 할 수 있다. 복희(伏犧)가 8괘를 그렸다는 전설도 이 8괘로 점을 친 시기가 있었음을 인정하게 한다.

아마도 그 단계에서는 아직 건(乾)이나 곤(坤) 등과 같은 괘의 이름[卦名]도 없었을 것이다. 만일 ─, ─ ─ 의 두 가지 부호를 남성적·동적인 것과 여성적·정적인 것이라고 생각했다면, ☰은 전부가 남성적·동적이므로 아버지이고 하늘이며, ☷은 그 반대로 어머니이고 땅이라는 상징의 의미만 있었을 것이다. 이어 두 개의 괘를 하나로 겹쳐서 64괘가 구성된다. 그리고 효의 의미까지 생각할 수 있는 단계가 되면, 역의 조합과 구성은 더욱 복잡한 묘미가 있게 된다.

괘명(卦名)은 이 경우에도 64괘의 성립과 동시에 붙여진 것은 아닐 것이다. 일반적으로 말해서 괘명과 괘사·효사의 관계는 밀접하기 때문에, 괘명이 붙여지게 되는 과정도 괘사·효사와 밀접한 관계가 있다고 해도 좋을 것이다. 다만 64괘의 구성을 수학적인 관점에서 본다면, 그 복잡한 조합과 구성에 대해 설명을 덧붙일 필요가 있다고 생각하는 것도 자연스러운 일이다. 괘를 겹쳐 이루어진 64괘의 성립과 괘사·효사의 성립은 시간적으로 그다지 동떨어지지 않았을 것으로 생각된다.

옛날 재료를 배열

괘사와 효사는 그 표현방법과 내용상으로 매우 비슷한 특징을 가지고 있는 만큼, 이 두 가지를 한데 묶어 생각해도 좋을 것이다. 전설에 의하면 괘사와 효사는 문왕과 주공의 합작품이라고 한다. 그러나 그 내용이 처음부터 어떤 특정인이 64괘와 384효를 위해 의도적으로 쓴 것이라고는 생각되지 않는다. 다시 말해서 괘사와 효사는 그다지 정연한 내용과 형식을 갖추지 못했으며, 오히려 다양한 재료들을 모아 부족한 부분을 보완하는 식으로, 수(數)에 맞추어 배열했다는 인상을 받게 한다.

이를 가장 확실하게 말해주는 것은 효사 속의 괘명(卦名)에 대한 표현 방식이다. 예를 들면 리(履)괘에는 '소리(素履)' '리도(履道)' '능리(能履)' '리호미(履虎尾)' '쾌리(夬履)' '시리(視履)' 등으로 초위부터 맨 상위까지 6효 모두에 리(履)자가 나오는데, 이렇게 정리된 예는 64괘 중에 불과 12괘뿐이다. 게다가 그 중에는 같은 말을 반복한 것도 들어 있다. 그리고 그 밖에 5개의 효에 걸쳐 같은 글자가 나오는 것이 15괘, 4개의 효에 걸쳐 같은 글자가 나오는 것이 15괘, 3개의 효에 걸쳐 같은 글자가 나오는 것이 4괘가 있어서, 64괘의 체재는 대단히 불일치를 드러낸다.

만일 처음부터 6효의 형태에 맞게 썼다면, 이러한 혼란스러운 체재는 생기지 않았을 것이다.

원래 모습을 되찾는 데 근거가 되는 재료?

그러면 오늘날의 효사는 원래 무엇이었을까? 일본의 역사학자 나이토오 토라지로오(內藤虎次郎[湖南]) 박사는 점을 치는 데 사용했던 제비[7]가 바로 효사의 원래 모습이라고 생각했다. 본래 각각의 괘에는 그에 대응하는 점사(占辭, 제비에 써놓은 말)가 있고, 더구나 그 점사의 내용은 다시 네다섯 종류로 세분되어 있어, 제비를 뽑은 무(巫)는 거기에 적혀 있는 말에 근거하여 길흉을 판단했을 것이다. 즉, 본래 결혼문제에 관한 제비가 현재의 귀매(歸妹, 소녀를 시집보낸다)괘가 되었다거나, 재판문제에 관한 제비가 송(訟, 소송)괘가 되었다는 식의 변화를 생각했던 것이다. 그런데 어째서 제비의 내용이 네다섯 종류로 세분되어 있었다고 하는 것일까? 이는 앞에서도 설명했듯이, 괘의 이름[卦名]과 똑같은 글자가 4개의 효 또는 5개의 효에 나오는 괘가 (각각 15가지로) 많다는 사실에 주목했기 때문이다. 이러한 것을 중시해서 더욱 진일보한 것이 바로 타케우찌 요시오(武內義雄) 박사의 설이다.

타케우찌 박사는 5개가 1세트라는 옛날 재료가 있어, 이것이 '복경(卜經)'이라는 이름으로 남아 있는 것은 아닐까라고 상상했다. '복경'이라는 것은 오늘날에는 없어져 그 내용을 알 수 없지만, 대체로 귀복(龜卜)

---

7) 가늘고 긴 대나무 조각이나 나무 막대기에 문자나 부호를 써넣고, 이를 뽑아 길흉을 판단하는 일 또는 도구.

에서의 점의 징후[卜兆]의 모양을 분류해서, 이를 색깔 등에 의해 다시 세분한 다음, 그 각각에 점괘에 적혀 있는 말[占辭]-'주(繇)' 또는 '송(頌)'이라 한다-을 표시한 것으로 여겨진다. '복경'에는 5개 1세트의 점괘가 적혀 있는 말이 있는데, 이를 이용하여 역이 배열되었다는 것이 그 설의 내용이다. 두 사람의 학설은 일종의 상상의 산물이라 할 수 있지만, 모두 시사하는 바가 크다. 그러나 어느 쪽이 더 정확한 설인지를 결정하기란 매우 곤란하다.8)

그런데 내 생각으로는 4개 혹은 5개가 1세트를 구성하는 재료가 본래 어떤 것이었든간에, 괘사와 효사에 이용된 재료는 그 한 종류만은 아니었을 것이다. 그것은 괘사와 효사의 표현방법과 내용을 자세히 음미함으로써 이해할 수 있을 것이다.

예를 들면 괘사와 효사 중에는 귀복(龜卜)에서 점을 칠 때 사용한 말[卜辭]과 비슷한 문장이 있다. "구름이 잔뜩 끼었어도 비는 오지 않는다(密雲不雨)"(小畜, 卦辭), "사냥해서 세 마리의 여우를 얻는다(田獲三狐)"(解, 九二爻辭), "사냥해서 짐승을 잡는다(田有禽)"(師, 六五), "사냥해도 짐승을 잡지 못한다(田無禽)"(恒, 九四), "십일간이라 하더라도 허물이 없다(雖旬無咎)"(豊, 初九), "팔월이 되어 흉하다(至于八月有凶)"(臨, 卦辭) 등과 같은 것들은 은나라의 옛유적[殷墟]에서 발견된 갑골복사(甲骨卜辭)의 글과 거의 변함이 없고, 실제로 비[雨]나 사냥, 순(旬, 십일간), 달[月]의 일을 귀복으로 점을 쳐서 얻은 답이었을 것으로 생각된다. 복사(卜辭)에 나타나는 술어를 보더라도 '利' '不利' '吉' '凶' '若' '得' '不得' 등이 『역』에 그대로 답습되고 있다.

---

8) 나이토오의 설은 『研幾小錄』에 실려 있는 「易疑」에, 타케우찌의 설은 『易と中庸の研究』에 보인다.-지은이

그뿐 아니다. 괘사와 효사 중에는 『시경(詩經)』의 시(詩)를 연상하게 하는 운문(韻文)도 있다. "명이(明夷).9) 여기에 날자, 그 날개를 드리운다. 군자가 여기에 행하자, 삼일간 먹지 않는다(明夷. 于飛垂其翼. 君子于行, 三日不食.)"(明夷, 初九)는 『시경』의 "기러기들이 여기에 나니, 파닥파닥 날갯짓하네. 그대들이 가면, 들에서 고생하리(鴻鴈于飛. 肅肅其羽. 之子于征, 劬勞于野.)"(小雅, 鴻雁)와 매우 비슷한 느낌이 든다. 또 다른 예를 들어보자. "어미 학이 그늘에서 우니 그 새끼가 이에 화답한다. 나에게 좋은 술이 있으니, 나 그대와 함께 다 마시리(鳴鶴在陰. 其子和之. 我有好爵, 吾與爾靡之.)"(中孚, 九二)와 『시경』의 "학은 먼 연못에서 우니, 소리가 하늘까지 들린다. 나에게 좋은 손님이 있으니, 거문고를 연주하네(鶴鳴于九皐. 聲聞于天 …)"(小雅, 鶴鳴)10)이 매우 비슷하다. 이 밖에 고사성어나 속담을 표현한 것들도 적지 않다. "서리를 밟으면 굳은 얼음이 이른다11)(履霜堅氷至)"(坤, 初九), "군자는 수레를 얻고, 소인은 오두막집을 뺏긴다(君子得輿, 小人剝廬.)"(剝, 上九), "그 덕을 오래 가지지 못하면, 이것이 부끄러움을 불러온다. 절개가 없으면 치

---

9) 주자의 『周易本義』에는 '夷'를 '傷'으로 해석했다(夷傷也). '明夷'는 "밝음이 상처를 입을 때", "밝음을 잃어버릴 때"라는 뜻으로, 주자는 이를 다시 '우매한 군주가 권좌에 있을 때'를 비유한 표현으로 해석한다.

10) 저자가 인용한 『詩經』「小雅」 鶴鳴 편에는 "나에게 좋은 손님이 있으니, 거문고를 연주하네"라는 부분이 없고, 이 시구가 들어갈 자리에 "고기가 물가에 있는데, 몇 마리는 연못 속에 잠겨 있네(魚在于渚, 或潛在淵.)"로 되어 있다. 옮긴이가 생각하기에 이 시는 먼 연못에서 지저귀는 학과 연못에서 노니는 물고기의 광경을 노래한 것으로 여겨진다. "나에게 좋은 손님이 …"는 『詩經』「小雅」 첫머리에 나오는 '鹿鳴之什'에 비슷한 문장이 보인다. "사슴들이 서로 울며, 들에서 풀을 뜯고 있네. 나에게 좋은 손님이 있으니, 거문고를 연주하고 생황을 부르리(呦呦鹿鳴, 食野之苹. 我有嘉賓, 鼓瑟吹笙 …)"가 바로 그것이다. 그렇다면 저자는 이 '鹿鳴之什'을 인용하려 했던 것 같은데, 어떤 연유인지는 알 수 없지만 결국은 시를 잘못 인용한 것으로 보인다.

11) 서리가 내리면 머지않아 추위가 닥친다는 뜻.

욕을 당한다(不恒其德, 或承之羞. 貞吝.)"(恒, 九三) 등이 그 예이다.

문체는 일반적으로 간고(簡古)하지만, 자세히 보면 이처럼 다양한 의미가 들어 있다. 타케우찌 박사의 지적대로, 운(韻)을 단 구(句)와 그렇지 않은 구가 섞여 있는데, 그 형태도 5개 1세트라는 가설과는 관계없이 혼란스럽다. 이로부터 생각해볼 때, 점치는 말을 기록하여 모은 것[占辭集]을 정리하는 한편 '제비'의 말들을 중심으로 고사성어와 속담과 시구 등을 포함시키고, 여기에다 다시 적당한 말을 보충해서 64괘의 전체 숫자에 맞춰 배열한 것이 바로 괘사와 효사라고 생각된다.

괘명(卦名)을 붙이는 방법

괘의 이름은 과연 어떻게 붙였을까? 효사를 보면 4개의 효 이상에 걸쳐서 괘명이 나오는 것은 아마도 옛날 재료에 의해 괘의 이름을 정했기 때문일 것이다. 그러나 그뿐 아니라 특별히 괘명으로 선택하여 붙인 것도 적지 않다. 예를 들면 건(乾)괘에서는 '잠룡(潛龍)' '현룡(見龍)' '비룡(飛龍)' '항룡(亢龍)' '군룡(群龍)' 등과 같이, '용(龍)'자가 다섯 번 나오는데도 '용'과는 무관한 '건(乾)'이라는 괘명이 붙어 있고, '건'이라는 괘명과 대응하도록 구삼(九三)의 효사에는 "군자가 종일 애를 쓰고 …"처럼 그 흐름이 전혀 다른 문장이 보인다. 건(乾)괘와 곤(坤)괘의 경우는 특별히 괘의 형태와의 관계 때문에 괘명이 붙여졌음이 틀림없다. ㅡ 와 -- 의 상징에 의미가 있고, ☰ 과 ☷ 로 이루어진 8괘에도 의미[象]가 고려되었다면, 64괘의 각각의 형태도 비록 확실하지는 않더라도 어느 정도 그 의미는 고려되었을 것이다. 64괘의 순서가 반대 또는 뒤집은 형태의

한 세트씩으로 배열되어 있다는 것은 앞에서도 설명했다. 그렇다면 괘의 이름을 붙이는 방법도 아무렇게나 함부로 배열하지는 않았을 것이다.

언제쯤 완성되었을까

그러면 괘사와 효사는 언제쯤 완성되었을까? 이것은 매우 곤란한 문제인데, 타케우찌 박사에 의하면 대략 춘추시대 초기, 즉 B.C. 640년경일 것이라고 한다. 그 이유는 『좌씨전』에 인용된 점서(占筮) 용어의 기록이 희공(僖公) 25년 이후부터는 모두 오늘날의 『역』의 용어와 합치되고, 희공 15년 이전에는 오늘날의 그것과 전혀 부합되지 않기 때문이라는 것이다. 점서의 일이 보이는 옛날 자료로는 『서경(書經)』「홍범편(洪範篇)」도 있는데, 이 책은 성립시대 자체가 문제시되는데다 괘사나 효사와의 관계도 전혀 불확실하다.

『좌씨전』의 완성연대도 문제이다. 특히 그 점서(占筮)에 관한 기사는, 점을 친 예언이 지나치게 적중한 데서 오히려 의문을 제기하는 학자도 적지 않다. 그러나 이 문제에 대해서 나는 그 외의 일반적인 기록과 마찬가지로, 적중한 것만을 기록했다고 볼 수도 있는데다 비록 후세에 덧붙여진 부분이 있다고 하더라도 그 골자는 거의 믿어도 좋다고 생각한다. 그러므로 괘사와 효사의 완성에 앞서 존재한 것으로 보이는 소박한 원초적 역서(易筮)의 시대와, 괘사와 효사에 이어 십익(十翼)의 완성을 아울러 고려한다면, 타케우찌 박사의 설은 그 나름대로 받아들일 만한 것이라고 본다. 그러나 그 내용을 구성하는 원래의 자료에는 그 이전부터 상당히 오랜 기간에 걸쳐 축적되어온 소재들도 포함되어 있을 것이다. 무엇보다도 전체적으로 간고(簡古)한 문체로 되어 있다는 것이 이 사실을 잘 말해준다.

3. 십익(十翼)의 완성

괘사와 효사는 경문(經文)이다. 이것들에 대한 보조자료로서 만들어진 것이 바로 십익(十翼), 즉 10편의 전(傳)이다. 전설에는 공자가 만들었다고 되어 있다. 그러나 그 내용이 너무도 복잡해서, 전체를 한 사람이 일시에 만들어낸 것 같지는 않다. 대체로 「단전」과 「상전」 속에 있는 소상(小象)이 괘사와 효사를 직접 해석한 것으로서 같은 종류에 속하고, 「계사전」과 「문언전」 그리고 「설괘전」의 전반부도 서로 거의 같은데, 그러면서도 대상(大象)과 「설괘전」의 후반부, 「서괘전」, 「잡괘전」은 각각 어느 정도의 관계를 유지하면서도 서로 독립해서 존재하고 있다. 그렇다면 십익(十翼)은 어떤 과정을 거쳐 완성되었을까? 역의 구성에 대한 서술을 참고하면서 그 대강을 살펴보자.

1) 「단전」과 소상(小象)

「단전」과 소상(小象)을 먼저 살펴보자. 「단전」은 괘를 설명한 것이고, 소상(小象)은 효를 설명한 것이다. 「상전」 속에 있는 대상(大象)은 괘를 설명한 방식이 「단전」과 일치하지만, 그 해석의 관점과 문체가 전혀 다르기 때문에 일단 제외하기로 한다.

「단전」과 소상(小象)에도 물론 몇 가지 차이는 있다. 예를 들면, 「단전」의 해석은 비교적 신중하고 간절하지만, 소상(小象)의 글은 비교적 조략(粗略)하여 그 중에는 효사를 되풀이하여 설명한 곳도 있다. 또 「단전」은 도덕적인 색채가 매우 강하지만, 소상(小象)에는 간략한 문장으로 되어 있어서 그러한 색채는 희박하다. 그러나 이러한 차이는 양자의 완성의 선후를 분별할 수 있을 정도로 결정적인 것은 아니다. 그보다도 양자의 공통의 입장이 중요하다. 앞에서도 보았듯이, 「단전」과 소상(小象)은 그 괘효의 형태에 근거하여 경문(經文)을 해설하고 있다. 그리고 그 해석은 강유(剛柔)와 중정(中正)이라는 개념에 의해 행해진다. 바로 이것이 「계사전」 이하의 여러 전(傳)과 현격한 차이를 갖는 특색이다. 그렇다면 이 특색이 의미하는 것은 무엇일까?

음양(陰陽)이 아니라 강유(剛柔)로 나타낸다

먼저 역의 이원적인 대립을 음양(陰陽)이라 말하지 않고 강유(剛柔)로 표현하는 것은 어떤 이유에서일까? 역이라고 하면 음양이 곧바로 머리에 떠오르기 마련인데, 이 '음양(陰陽)'이라는 단어는 '역'이라는 말과 함께 「계사전」에서 처음으로 일반화해서 등장한다. 괘사와 효사에는 물론 이 글자가 없고, 「단전」·「상전」에서도 예외적이다. 음양이라는 문자는 본래 '양달[陽]'과 '응달[陰]'을 의미했다. 이것을 대립적으로 배열하여 사용한 예는 『서경』이나 『시경』에도 아직 보이지 않는다. 『손자(孫子)』에 "군대를 주둔시키는 데는 고지(高地)가 좋고 저지(低地)는 나쁘다(凡軍好高而惡下)"라고 한 다음, "양달을 높이고 응달을 천하게 여긴다(貴陽賤陰)"(行軍篇)라는 대목이 있는데, 이 표현이 아마도 음양(陰陽)의 본래 의미로 쓰인 예라고 할 수 있겠다. 여기에서는 땅의 양지쪽을 문제로 삼은 것인 만큼, 아직까지는 그 본래의 의미로 사용되고 있는 것이다. 그런데 『노자(老子)』에 이르러서는 "만물은 음(陰)을 지고 양(陽)을 안고, 충기(沖氣)로써 화(和)를 이룬다(萬物負陰而抱陽. 沖氣以爲和.)"(四十二章)라고 했다. 만물을 구성하는 것이 음(陰)과 양(陽)의 두 기운(二氣)이라는, 추상성이 강하고 또 그만큼 함의(含意)가 풍부한 개념이 되었다. 전국시대의 말기에 나타난 자연철학자들을 음양가(陰陽家)라 부르는 것도 널리 알려져 있다. 역의 음양(陰陽)의 의미는 이처럼 추상성이 강한 대립개념과 밀접한 관계를 갖는다.

이에 비하면, 강유(剛柔)는 굳고 강한[堅强] 것과 부드럽고 약한[柔弱] 것이라는, 비교적 구체성을 띠고 또 그만큼 원초적인 대립개념으로 생각된다. 이런 식의 대립적인 표현은 이미 『시경』에 보인다. "강하지도 않고 부드럽지도 않게 하여, 정치를 펴는 것이 훌륭하도다(不剛不柔, 敷政優優.)"(商頌, 長發)라는 기록이 보이고, 『서경』의 「홍범편」에도 "부드러움이 이긴다[柔克]" "강함이 이긴다[剛克]"라는 말에서 대립의 형태가 보인다. 그리고 이같은 표현에 이미 어느 정도의 보편적인 추상적 함의(含意)가 들어 있음을 볼 수 있다. 『노자』에서 강(剛)과 유(柔)를 나란히 들면서 그 부드럽고 약함[柔弱]을 선(善)이라 한 것도 바로 음양에 대한 추상적 의미의 발전이라 할 수 있다. 이렇게 본다면 음양의 대립이 아닌 강유(剛柔)로 일관되어 있는 「단전」과 소상(小象)은, 음양으로 설명하고 있는 「계사전」보다도 먼저 완성되었다고 생각해볼 수 있다.

경(經)에 대해 이유를 붙인다

다음으로 '중정(中正)'이란 무엇인가? 이미 괘의 형태를 설명할 때 중(中)은 안괘와 바깥괘 각각의 중앙의 위치, 즉 2번째 위치와 5번째 위치를 가리키는 것이고, 정(正)은 각각의 위치에 알맞은 효가 오는 것, 즉 홀수(奇數, 1, 3, 5)의 위치에 양효(陽爻)가 오고 짝수(偶數, 2, 4, 6)의 위치에 음효(陰爻)가 오는 것이라고 했다. 중정(中正)은 이 두 가지 의미를 겸하는 것이다(旣濟 ䷾ 괘가 그 예이다). 그런데 이 중(中)과 정(正), 그리고 특히 중정(中正)을 존중하는 입장은 곧바로 '중용(中庸)의 덕(德)'을 연상시킨다. 극단으로 치닫지 않고 중(中)을 선택하는 처세의 덕(德)이다. 이것을 강조한 것이 바로 사서(四書)의 하나인 『중용(中庸)』인데, 『시경』에도 이미 "강하지도 않고 부드럽지도 않다(不剛不柔)"라는 말이 있듯이, 치우침이 없는 중정(中正)을 존중하는 태도야말로 유가(儒家)의 오랜 전통이기도 하다. 역의 '경(經)'의 말을 해석할 때 이러한 견해를 따랐다는 것은 하나의 사상사적인 문제이다. 괘사와 효사까지의 '경(經)'은 물론 점서(占筮)를 위해 만들어진 것인데, 「단전」과 소상(小象)도 역시 점서(占筮)를 위해 생겨난 것이다.

그러므로 「단전」과 소상(小象)은 '경(經)'을 충실히 해석하는 말들이다. 그러나 '경(經)'을 해석했다고 하는 것은 말의 의미를 설명할 뿐만 아니라, 왜 그러한 말이 거기에 쓰였는가 하는 문제를 괘의 의미[象]나 형태와의 관계 속에서 합리적으로 설명했다는 뜻이기도 하다. 예를 들면, 곤(坤)의 초륙(初六)의 "서리를 밟는다(履霜)"라는 효사에 대해 소상(小象)에서 "음이 처음으로 뭉친다(陰始凝)"라고 설명한 것은 음양(陰陽)을 사용한 사례인데, 이는 첫번째 위치(初位)에 음효(陰爻)가 온 형태에 의해 경문(經文)을 설명한 것이다. 또 육오(六五)의 "노란 치마는 매우 길하다(黃裳, 元吉.)"라는 효사에 대해 소상(小象)에서 "무늬가 가운데에 있다(文在中)"라고 설명한 것은 말할 것도 없이 바깥괘의 중앙의 5번째 위치(五位)에 대해 서술한 것이다. 우리는 경문(經文)만으로는 "서리를 밟는다"가 왜 점의 결과를 알려주는 용어[占辭]가 되는지를 잘 알 수 없는데, 시초[蓍]를 가른 결과가 하필이면 왜 그 괘의 형태로 나올 수밖에 없는가에 대한 이유를 분명하게 설명하여, 그 결과가 필연적이고 절대적이라는 사실을 납득시키는 것이 「단전」과 소상(小象)의 역할이다.

　사실 점(占)의 본래의 취지에서 말한다면, '점(占)'은 신의 뜻을 듣는 것인 만큼 그것은 신앙의 차원과 관계되는 것이다. 점(占)의 용어가 '경(經)'에 적혀 있다는 것은 그 자체로 절대적이라 해야 한다. 신사(神祀)에서 제비를 뽑았는데 "기다리는 사람이 온다"고 나왔다. 여기서 왜 이런 제비가 뽑혔는가라고 묻는 것은 무의미하다. 믿을 것인가, 믿지 않을 것인가의 문제가 있을 뿐이다. 제비가 뽑힌 이유를 파헤치는 것은 믿는 사람이라 하더라도 이미 그 신앙이 흔들리고 있기 때문이다. 「단전」과 소상(小象)이 괘사와 효사에 대해 이와 같이 그 이유를 달고 있는 것은 점서(占筮)를 주로 하는 입장에 있으면서도 차츰 의리(義理)의 요소를 가미해 간다는 것을 의미한다. 이는 신비적인 견해를 합리적으로 해석하려는 태도에서 나온 것이다.

　중정(中正)을 존중하는 도의적(道義的)인 입장은 이런 합리주의적인 태도와 관계가 있다. 그리고 그에 걸맞게 「단전」에서는 때로 강한 도덕성(道德性)을 드러내는 말들이 나온다. 가인(家人)괘 ䷤ 를 살펴보자.

가인(家人)이란 여자는 안에서 위치를 바르게 하고, 남자는 밖에서 위치를 바르게 한다. 남녀가 바르게 해야 하는 것은 하늘과 땅의 큰 의리이다. 가인에 엄한 임금이 있다는 것은 부모를 말한다. 아버지가 아버지답고, 아들은 아들다우며, 형은 형답고, 동생은 동생다우며, 남편은 남편답고, 아내는 아내다워야 집안의 도가 바르게 된다. 집안을 바르게 하면 천하가 바르게 된다.12)

이 인용문의 첫대목에 육이[六二, 안괘 가운데에 여자가 있다]와 구오[九五, 바깥괘 가운데에 남자가 있다]의 괘의 형태로 남녀의 안과 밖의 관계를 설명한 것에는 남녀의 사회적 입장을 보여주는 도덕성(道德性)이 내포되어 있다. 그리고 다음 단락은 특히 『논어』나 『맹자』의 유교적인 용어들과 관계가 있다. 이와 같이 「단전」에서는 두 단락으로 나누어져, 뒷단락에서 도덕성이 강한 말이 보이는 예가 종종 있다. 이 뒷단락은 틀림없이 후세에 붙여진 것이다. 그러나 이것은 그렇게 중요한 문제가 아니다.13) 「단전」과 소상(小象)에 이러한 도의적인 입장이 보이는 것은 사실이지만, 일반적으로 말해서 「계사전」과 대상(大象) 등에 비하면 매우 온건한 것이다.

전국시대 중·후기에 완성

그러면 이러한 「단전」과 소상(小象)은 언제쯤 완성된 것으로 볼 수 있

---

12) 『周易』, 「下經」, 家人. "彖曰, 家人女正位乎內, 男位正乎外. 男女正, 天地之大義也. 家人有嚴君焉, 父母之謂也. 父父, 子子, 兄兄, 弟弟, 夫夫, 婦婦, 而家道正. 正家而天下正矣."
13) 이 점에 대해서는 졸저, 『秦漢思想史硏究』에서 설명했다.—지은이

을까? 괘사나 효사와의 관계에서 본다면, 그것은 물론 춘추시대 말기 이후일 것이다. 게다가 강유(剛柔)로 일관해 있는 것은 고대의 형식이라 하더라도, 거기에 약간이나마 음양(陰陽)이 섞여 있는 것을 보면 전국시대 중기 이전으로 올라갈 수는 없다. 그리고 도의적인 입장에서의 합리적인 해설이라는 점과, 다음에 살펴볼 「계사전」 등과의 관계를 고려하면, 「단전」과 소상(小象)의 완성은 전국시대 중기에서 후기의 사이, 즉 기원전 4세기 말에서 3세기 중반에 이루어진 것으로 볼 수 있다.

2) 「계사(繫辭)」와 「문언(文言)」

다음에는 「계사전」, 「문언전」 그리고 「설괘전」의 전반부를 살펴보자. 「계사전」이 광범위한 문제를 다룬 역학개론의 경향이 강한 데 비해, 「문언전」은 특별히 건(乾)괘와 곤(坤)괘에 대해서만 설명하고 있다. 그리고 「설괘전」의 전반부는 「계사전」의 연장이다. 그러나 「문언전」에는 본래 건(乾)·곤(坤) 이외의 괘에 대한 설명도 있었으나 없어지고 그 일부가 「계사전」 속에 남아 있다고 하며,14) 또 '문언(文言)'이라는 명칭도 '효언(爻言)'의 잘못이 아니냐는 설도 있어서,15) 그 원래의 형태에 대해서는 의문이 많다.

---

14) 元의 吳澄이 지은 『易纂言』에서의 주장이다. - 지은이
15) 山片蟠桃의 『夢之代』와 武內義雄의 『易と中庸の研究』에 보인다. - 지은이

유교(儒敎)의 책이 되다

이 십익(十翼)의 완성과 관련하여 문제가 되는 것은 먼저 '子曰'이라는 말의 인용이 많다는 것인데, 때로는 그것에 의해 '易曰'이라며 언급된 「경문(經文)」에 대해 매우 도의적인 해석을 내리고 있다. 물론 이것은 의식적으로 공자의 말을 모방한 것이다. 다시 말해서, 「계사전」과 「문언전」에 의해 역과 공자가 확실히 서로 연관되어 있다는 사실이 명백해졌으며, 이는 공자가 십익(十翼)을 만들었다는 전설과도 부합된다. 그리고 이는 점서(占筮)의 책이었던 역이 이제 유교의 책이 되었음을 의미한다.

다음으로는 음양(陰陽)이라는 말에 대한 문제인데, 「계사전」과 「문언전」에서 이것은 단지 음효(陰爻)와 양효(陽爻)의 부호를 가리키는 좁은 의미로서가 아니라 완전히 자연철학의 용어로서 등장한다. 이에 따라 이원적인 대립을 일원(一元)으로 통솔하는 입장이 생각되기도 한다. "한번은 음(陰)이 되고, 한번은 양(陽)이 되는 것을 도(道)라고 말한다(一陰一陽之謂道)"고 할 때의 도(道)가 바로 일원(一元)으로서, 이것은 또한 '태극(太極)'이라는 말로 표현되기도 한다. 천지자연은 이 태극[道]과 음양에 의해 저절로 정연한 질서를 유지하는 것이며, 인간도 본래부터 이 자연의 질서를 따르는 생활을 해야 하는 존재였다. 이것은 이른바 '천인합일(天人合一)'의 관념, 즉 자연계의 법칙과 인간사회의 질서는 본래부터 일치한다고 생각하는 입장을 확실한 주장으로서 제시한 것이다. 성인(聖人)은 천지자연을 모범으로 해서 역을 만들고, 이를 인륜(人倫)의 법칙으로 삼았다고 하며(「繫辭上傳」),[16] 하늘의 도는 음양(陰陽)이고 땅의 도는 강유(剛柔)이며 사람의 도는 인의(仁義)로서, 성인은 이 천지인(天地

人) 삼재(三才)를 아울러서 역을 만들었다고 한다(「說卦傳」).17)

천인합일 사상

　뒤에서 상세히 설명하겠지만, 천인합일 사상은 중국 전통사상의 주류였다. 이것은 공자의 천(天) 사상에도 나타나 있고, 노장(老莊)의 도(道)나 자연(自然) 사상에도 보인다. 그리고 『역』의 「단전」에는 부분적으로 이 사상을 설명하는 부분이 있다. 다만 「계사전」의 설명방식이야말로 역의 핵심을 이루는 것인 만큼, 바로 이 문제에 대해서도 특색 있는 논점을 제시한다. 더구나 이 사상은 유가적인 도의적 교설(教說)과 결합되어 있다. 이처럼 자연에 대한 강한 경도(傾倒)의 태도를 분명하게 표현하는 것은 본래 유가 쪽의 것이기보다는 노장 쪽의 입장이었다. 천인합일 사상을 어떤 사람들은 음양가(陰陽家)라고 불리는 자연철학자들의 사상이라고 말하고 있다. 어쨌든 점서(占筮)의 책이 유교의 책으로 바뀌면서 동시에 노장 또는 음양가의 사상이 혼합되어 중국사상의 주류로 일컬어지는 천인합일 사상이 등장하게 된 것이다.

　이와 매우 유사한 상황을 보여주는 것이 『중용(中庸)』이다. 이 책의 맨 앞에 나오는 유명한 문장인 "천명(天命)에 따르는 것을 본성(本性)이라 하고, 본성을 그대로 따르는 것을 도(道)라 하며, 도를 닦는 것을 가르침(教)이라 한다"18)는 것은 인간도덕의 근원으로서 자연의 질서를 분

---

16) 『周易』, 「繫辭上傳」. "是故天生神物, 聖人則之. 天地變化, 聖人效之. 天垂象見吉凶, 聖人象之. 河出圖, 洛出書, 聖人則之." 참조.

17) 『周易』, 「說卦傳」. "昔者聖人之作易也, 將以順性命之理. 是以立天之道, 曰陰與陽, 立地之道, 曰柔與剛, 立人之道, 曰仁與義. 兼三才而兩之." 참조.

명하게 제시한 것으로, 이런 사상은 또 "성실함은 하늘의 도(道)이고, 성실하려고 노력하는 것은 사람의 도(道)이다"[19]라는 말에도 분명히 나타난다. 따라서 인간이 도덕적인 생활을 충분히 영위하면, 그것은 곧 하늘과 땅[天地]이 만물을 생성시키는 활동을 직접 돕는 것이 된다. "하늘과 땅이 만물을 변화시키고 기르는 일[化育]을 도울 수 있게 되면, 하늘과 땅과 나란히 셋이 된다"[20]고 하는 것이 바로 인간의 도덕활동의 목표였다. 유교의 도덕은 천인합일이라는 사상에 의해 그 강력한 기초를 확립했고, 이를 근거로 유교는 인간이 추구할 이상적인 목표를 설정할 수 있게 된 것이다. 「계사전」이나 「문언전」과 『중용』의 관계는 각각의 책 속에 사용된 용어들이 비슷하다는 것에서도 입증될 수 있는데, 이상에서 설명한 공통적인 입장은 사상사적인 전개과정에서 볼 때 어느 시기에 이루어졌을까?

유교 재생의 책

분명히 여기에는 유교의 재생(再生)을 꾀하려는 의도가 있었다. 이를 위해 노장이나 음양가의 입장도 도입한 것이다. 그리고 공자나 맹자가 언급하지 않았던 귀신에 대한 설명까지 보이는 것은 묵자(墨子)의 영향을 받은 것으로 생각된다. 이렇게 여러 학파의 사상을 적극적으로 수용하여 유가의 강화와 재생을 꾀한 것은 아마도 전국시대 말기일 것이다.

---

18) 『中庸』, 第一章. "天命之謂性, 率性之謂道, 修道之謂敎."
19) 같은 책, 제20장. "誠者天之道也, 誠之者人之道也."
20) 같은 책, 제22장. "可以贊天地之化育, 則可以與天地參矣."

그렇게 보는 이유는 진(秦)나라의 시황제(始皇帝)가 민간의 유가 서적 [儒書]을 불살라버린 이른바 분서(焚書) 때에 『역』은 복서(卜筮)의 책이라는 이유로 불태워지지 않았기 때문이다.[21] 오늘날의 「계사전」과 「문언전」이 만일 당시에도 『역』 속에 포함되어 있었다면, 그러한 특별한 조치는 조금 이해하기 어려울 것이다. 그렇다면 「계사전」이나 「문언전」은 시황제의 분서 이후에 민간의 유학자들이 『역』을 유교의 책으로 탈바꿈시키기 위해 지어낸 것이라고 생각할 수 있다.

이렇게 생각하면, 그 밖의 일반적인 상황과도 잘 부합된다. 유교의 천인합일의 견해는 이런 과정을 거쳐 정통적인 사상으로서 보편화되었고, 그것이 신비적으로 설명되기에 이른 것은 전한(前漢) 중기 이후이다. 그리고 「계사전」이 사람들에게 인용되는 것은 전한(前漢) 초기부터이다. 그렇다면 「계사전」 등이 완성된 것은 아마도 진나라의 시황제 말년부터 한(漢)나라 초기 사이의 일로서, 「계사전」은 한대(漢代)에 성행한 천인합일 사상의 선구적 역할을 했다고 볼 수 있다. 이 시기는 바로 진(秦)·한(漢)의 고대제국의 완성기이다. 사상계도 이러한 새로운 통일제국을 위해 새로운 이론을 제시해야 했다. 이러한 분위기에서 승리를 얻고자 한 것은 비단 유가(儒家)만이 아니었을 것이다. 그러나 결과적으로는 유교(儒敎)의 승리로 끝났다. 그 이유는 물론 가족윤리에 입각한 정치사상으로서의 유교의 기본적 성격과 관련이 있으며, 또한 새로운 시대를 맞아 유교의 재생을 도모한 한나라 초기의 유학자들의 움직임도 작용했을 것이다. 「계사전」 이하의 십익(十翼)은 이러한 유학자들의 활동의 하나로서 완성되었다고 볼 수 있다. 십익은 결국 유교도덕의 기초를 자연계

---

21) 『漢書』 藝文志의 설이다. 이를 근거로 津田左右吉도 「易の硏究」에서 「繫辭傳」 등의 완성을 '焚書' 이후의 일로 보고 있다. — 지은이

의 질서에서 찾아 이를 더욱 심원하게 발전시켜, 음양(陰陽)의 이원적인 대립을 일원으로 통일함으로써 결과적으로 중앙집권체제를 도와주는 기능을 했다.22)

3) 대상(大象)과 그 밖의 전(傳)

대상(大象)과 「설괘전(說卦傳)」의 후반부는 서로 밀접한 관계가 있다. 그리고 학자에 따라서는 십익 중에서 이것들이 가장 오래되었다고 보기도 한다. 「설괘전」은 부분적으로 오랜 전통을 가지고 있음에 틀림없지만, 그것이 정리·편찬된 시기는 그 전반부가 「계사전」과 관계가 깊은 것으로 볼 때 아마도 한나라 초기일 것이고, 대상(大象)은 전체적으로 정비된 체재나 내용을 보더라도 결코 「계사전」보다 먼저 완성되었다고는 생각되지 않는다.

「설괘전(說卦傳)」

「설괘전」의 후반부는 천(天)·지(地)·산(山)·택(澤)·뢰(雷)·풍(風)·수(水)·화(火)의 8괘에 관한 다양한 괘의 의미[卦象]를 열거하고 있을 뿐

---

22) 「계사」와 「문언」의 완성과정은 대체로 이상과 같다. 사상사적인 측면에서 『중용』 등과의 관계를 더욱 상세하게 알려면 졸저, 『秦漢思想史硏究』(일본학술진흥회)를 참조하기 바란다. 십익의 완성을 상세히 연구한 최근 논문으로는 山下靜雄, 「周易十翼の成立」(일본중국학회보 제5집)이 있다. – 지은이
　[山下靜雄의 이 논문은 그 후 『周易十翼の成立と展開』라는 책(風間書房, 1975)으로 출간되었다.]

이다. 그 중에는 아마도 건(乾)·곤(坤) 등의 8괘의 명칭이 붙기 이전, 즉 원시적인 점(占)의 단계에서부터 전해진 오래된 내용도 들어 있을 것이다. 이런 의미에서 「설괘전」은 오래된 것이라고 말할 수 있다. 그러나 점을 치는 방법이 복잡해질수록 이러한 괘의 의미[卦象]는 다양해지는 특성을 갖고 있다. 「설괘전」에는 상당히 많은 의미와 상징[象]이 보이는데, 그 모두가 오래된 것이라고는 도저히 생각할 수 없다. 아마도 「계사전」 등과 같은 시기이거나 조금 늦게 수집·정리되었을 것이다.

괘상(卦象)을 본 뜬 대상(大象)

대상(大象)이 「설괘전」과 관계가 깊다고 여겨지는 이유는 64개의 대상(大象) 앞부분이 모두 8괘의 의미와 상징[象]에 의해 괘의 성립을 설명하고 있기 때문이다. 예를 들면, "위는 하늘(天), 아래는 연못(澤)이 되는 것은 리(履)이다"[23]는 것은 리(履)괘, ☰ 가 건(乾, ☰)과 태(兌, ☱)로 이루어졌음을 하늘과 연못이라는 각각의 상징과 의미에 의해 설명한 것이다. 이런 면에서는 물론 「설괘전」과 관계가 있고, 또 대상(大象)이 먼저 이루어졌다고 말할 수도 있을 것이다. 그러나 대상(大象)의 글은 그 뒷부분과 분리해서 이야기할 수 없다.

---

23) 『周易』, 「上經」, 履. "象曰. 上天下澤履." 앞에서 저자가 설명했듯이, 『周易』에는 하나의 괘를 설명할 때, '象曰'로 시작되는 문장이 여러 번 나온다. 이 경우 '象曰'로 시작되는 卦辭(彖辭) 다음에 나오는 '象曰'의 문장이 괘의 의미와 상징을 설명하는 大象이고, 初爻에서 上爻까지 6개의 효에 대해 설명하는 문장으로서 각 효마다 붙어 있는 '象曰'의 내용이 바로 小象이다. 大象은 괘 전체의 의미와 상징을, 小象은 각각의 효의 의미와 상징을 설명하는 것이다.

여기서 예를 든 리(履)괘에는 리(履)에 예의[禮]의 의미가 있어서 "위는 하늘, 아래는 연못이 되는 것은 리(履)이다" 다음에 "군자는 이를 근거로 해서 상하를 나누고 백성의 뜻을 결정한다(君子以辨上下, 定民志.)"라는 문장이 나온다. 상하계급의 분별이 예의와 관계된다는 것은 명백하다. 즉, "위는 하늘, 아래는 연못"이라는 리(履)괘의 형태처럼, 군자는 각각의 괘의 의미와 상징에 따라 자신이 처한 위치에 맞게 노력해야 함을 설명하고 있다. 모든 대상(大象)의 체재는 이와 같은 형식으로 되어 있다.

괘의 의미[卦象]에 나타나는 자연의 존재양식을 모범으로 삼아 유가적인 실천에 힘쓴다는 것이 대상(大象)의 일관된 입장이다. 거기에는 도가적인 영향도 보이지만 그 중심은 유교적인 교훈으로서, 『논어』나 『대학』 『중용』과 비슷한 말들이 보인다. 그리고 대상(大象)은 역을 해설한 것이기보다는 오히려 도덕적 교훈을 서술하기 위해 역을 이용했다고 볼 수 있다. 문장의 정리된 체재를 보더라도 64개의 대상(大象)이 「계사전」보다 늦게 완성되었음이 분명하다.

「서괘전(序卦傳)」· 「잡괘전(雜卦傳)」

「서괘전」과 「잡괘전」도 확실하지는 않지만 대체로 한나라 초기에 완성된 것으로 여겨진다. 「서괘전」과 「잡괘전」은 둘 다 64괘에 대해 개별적으로 각각의 괘를 대상으로 하지 않고, 그 전체를 총체적으로 설명하고 있다는 점에서 일치한다. 이러한 태도는 역의 구성을 전체적인 체계로서 인식하는 단계를 거쳐야 비로소 가능한 일이므로, 「서괘전」과 「잡괘전」 역시 「계사전」보다 먼저 완성되었다고는 볼 수 없다. 특히 그 분량이나 내용이 하나의 편(篇)도 구성할 수 없을 만큼 작기 때문에, 잡록(雜錄)의 형식으로 부록처럼 붙여졌던 것이다.

4. '역'이라는 명칭의 의미

간이(簡易), 변역(變易), 불역(不易)

하나의 책이 완성되기까지의 역사를 살펴보는 것은 전문가로서는 제법 즐거운 일이지만, 일반인에게는 어떨까? 골동품 취미와 마찬가지로 학자들의 자기만족처럼 보일지도 모르겠다. 고전의 완성에는 동서양을 막론하고 언제나 어려운 문제가 산적해 있다. 『성경(聖經)』의 경우도 그렇고 『논어』의 경우도 마찬가지다. 그리고 『역』의 경우에는 특히 더욱 복잡한 문제가 얽혀 있다. 『역』이 완성되기까지 시대를 달리하는 세 사람 혹은 네 사람의 성인(聖人)이 관련되었다는 전설은, 그 내용이 오랜 세월에 걸쳐 많은 사람들의 손에 의해 만들어졌다는 사실을 보여주는 것이라 할 수 있다. 지금까지 상당히 복잡한 문제들에 대해 설명했는데, 이는 대체로 서주(西周) 시대부터 한나라 초까지 거의 7~8백년간에 걸친 역의 발전사나 『역』의 완성사를 살펴본 내용이었다. 마지막으로 이를 매듭짓는 의미에서 『역』이라는 책의 이름이 본래 무엇을 의미했는지에 대해 생각해보고자 한다.

『역』의 의미에 대해서는 다양한 학설이 있지만, 한대(漢代)부터 말해지기 시작한 것으로 "역은 하나의 명칭으로 세 가지의 의미를 나타낸다"

고 하는 설명이 가장 일반적이다.24) '간이(簡易)' 즉 간단하고 쉬운 것, '변역(變易)' 즉 변하고 바뀌는 것, '불역(不易)' 즉 변하지 않는 것의 세 가지 의미이다.

이처럼 서로 모순되는 의미가 책의 이름으로 한 글자에 포함되어 있다고 생각하는 데에 중국적인 사고의 흥미로움이 있지만, 이는 뒤에서 설명하기로 하고, 일반적으로는 이 세 가지 중에서도 특히 변역(變易)의 의미를 중시한다. 오늘날 영어로 "The Book of Changes(변화의 책)"라고 번역하는 것도 이에 따른 것이다. 결론부터 말하자면, 나 역시 『역』이라는 책의 이름은 본래 변역(變易)을 의미한 것으로 생각하고 있다.

문자에 의한 접근

그런데 변역(變易)이라고 할 때는 그것이 어떤 식으로 변하는 것을 뜻하는가? 이 문제는 간이(簡易)나 불역(不易)의 경우와 마찬가지로, 소박한 의미에서부터 철학적인 해석에 이르기까지 다양하게 나누어질 수 있다. 사실 이 '세 가지 의미[三義]' 이외의 여러 가지 학설도 그처럼 소박한 의미를 수용하느냐, 아니면 심원한 해석을 내리느냐 하는 입장의 차이에서 비롯된다.

예를 들면, 역이라는 글자는 이(夷), 희(希), 미(微) 등의 글자와 상통하여, 신비하고 불가사의한 것을 나타낸다고 하는 학설 등은 심원한 해석이다. '세 가지 의미'를 겸하고 있다는 것도 역시 철학적이라 할 만하

---

24) 『易緯乾鑿度』에는 "易은 하나의 이름[一名]으로서 세 가지의 의미[三義]를 내포한다"고 되어 있다. 後漢의 鄭玄과 唐의 『周易正義』도 이 학설을 따랐다. ─ 지은이

다. 그러나 역이라는 글자의 원래 의미와 그 기호성(記號性)을 더듬어, 이를테면 역을 '도마뱀[蜴]'으로 생각하고 그것을 토템(Totem)으로 삼은 집단의 명칭이 점서가(占筮家) 집단에 전해진 것이라는 학설 등은 소박하고 원시적인 의미를 찾으려 한 해석이다. 여기서 중요한 것은 '역'이라는 명칭이 언제부터 점서(占筮)의 이름으로 되었는지를 검토하는 일이다.

이미 살펴보았듯이, '역'이라는 이름은 오늘날의 『역』에서는 「계사전」에 처음 나오는데, 이미 『좌씨전』에 춘추시대의 기사(記事)로서 '주역(周易)'이라는 인용이 있었다. 그것은 대체로 점서(占筮)와 관계되는 것으로서, 또 『좌씨전』에서 인용한 말들은 괘사와 효사의 '경문(經文)'에 한정되었다. 그렇다면 '역' 혹은 '주역'이라는 호칭은 「계사전」에서의 철학적인 해석 등과는 무관하게 '역으로 점치는 방법[筮法]'이라는 뜻으로 정해진 명칭이었다고 생각할 수도 있다. 다만 『좌씨전』에서의 '주역'이라는 명칭은 그 뒤에 삽입되었을 가능성도 없지 않다. 따라서 만일 이 기록에 의문을 품는다면, '역'이라는 명칭은 전국시대 말기까지도 나타나지 않은 것이 된다.25) 중간에 삽입된 이른바 '연문(衍文)'이냐 아니냐 하는 문제는 결정할 수 없다고 하더라도, 『좌씨전』의 기록은 요컨대 오늘날의 64괘의 서법[筮法]이 확립된 이후의 것이므로, 그 이전에도 '역'이라는 명칭이 있었다는 증거는 없다.

---

25) 『論語』에 나오는 "오십에 易을 배운다"의 '易'자가 '亦'의 의미로 해석되는 경우도 있다("오십에 또한 배운다"는 뜻)는 것은 앞에서 이미 설명했다. 이것을 제외하면 戰國時代의 蔡澤의 말에 나타난 인용(『史記』, 『莊子』, 『荀子』, 『禮記』 經解篇) 등이 오래된 것이다. ― 지은이

서법(筮法)이 발달한 어느 단계에

　내가 보기에는, 먼저 귀복(龜卜)과 구별하는 의미에서의 최초의 명칭은 '서(筮)'만으로도 충분했을 것으로 생각된다. 그리고 서법(筮法)의 발달과 함께 종합적인 정비가 이루어진 어떤 단계에서 비로소 종래의 서법(筮法)과 구별하기 위해 '역'이라는 이름이 붙여졌을 것이다. 만일 그렇다면 '역'이라는 글자의 최초의 의미나 기호성에 근거하여, 그것 즉 '역'을 『역』의 명칭과 관련지어 해석하는 입장은, '역'의 서법(筮法)이 오래 전에 성립되었다는 사실과 그 명칭의 어원을 혼동한 것이라 할 수 있다. 그리고 '역'의 의미를 지나치게 강조하여 철학적으로 해석하는 것도 좋지 않지만, 반대로 아주 오래된 원시적인 의미로 이해하려는 것도 잘못이라고 여겨진다.

　내가 가장 평범하고 일반적인 해석을 따르는 것은 이 때문이다. 아마도 이것이 사실에 가장 가까운 설명이라고 생각한다. '역'의 의미는 '변역(變易)'이다. 그리고 이것은 어느 정도의 복잡함을 갖추면서 발달한 서법(筮法)의 단계를 거쳐, 시초[蓍]의 나눔에 의해 다양한 변화를 보이는 역서(易筮)가 나타났음을 말해준다.

4
사상으로서의 역

1. 경전으로서의 확립

한대 초기의 사상상황 속에서

『역』이 '경(經)'과 십익(十翼)을 갖추어 완성된 것은 한나라 초기였다. 진(秦)의 시황제의 통일을 이어받아 성립된 한(漢) 제국은 과연 훌륭했다. 그러나 시황제의 통치기간은 짧았고, 그 후에 일어난 격심한 전란은 이른바 전국시대의 문제점들이 한나라 초기까지도 계속되었음을 말해준다. 사상계의 상황은 더욱 심각했다.

당시의 사상계는 시황제의 엄격한 법가적 통제가 무너짐에 따라, 다시 활발한 제자백가의 시대를 재현한다. 그리고 다양한 경향의 사상가들이 서로 다른 학파와의 절충을 꾀하면서 새로운 통일제국을 위한 종합적인 통일이론을 만들어내려고 경쟁했다. 한(漢)의 고조(高祖)는 본래 방탕무뢰한 의협적인 기질의 인물이었다. 교양이나 사상 등과는 인연이 멀었다. 유학자의 관(冠)을 빼앗아 그 속에 오줌을 누었다고 하는 이야기가 그의 면모를 그대로 드러내준다. 그러나 전란이 끝난 후에는, "폐하께서는 말 위[馬上]에서 천하를 얻었지만, 말 위에서 천하를 다스릴 수는 없사옵니다"라고 간한 육가(陸賈)의 명언이 상징하듯이, 문인(文人) 특히 유학자들에 대한 고조의 태도는 크게 바뀌었다. 그것이 사상계를 활발한 기운으로 이끈 원인이 되었음은 말할 필요도 없다. 『역』이 유학자의 손에 의해 사상성이 더해져 정비된 것도 이러한 상황이었기 때문에 가능했다.

여러 학파의 활동이 이루어지는 가운데, 마침내 유교의 지위가 점차 확고해졌다. 이는 무엇보다도 유교의 도덕적인 정치사상과 예악(禮樂)

의 문화주의가 평화스런 왕조의 체제를 유지하는 데 적합했기 때문이다. 그리고 이어 무제(武帝)의 건원(建元) 5년(B.C. 136년), 즉 한나라의 건국으로부터 이미 70년을 경과한 시점에서, 유교는 한나라의 국교로서 정립되기에 이르렀다. 바로 유교에 의한 사상통일인 것이다. 국립대학이 설립되고, 『역경』『서경』『시경』『예기』『춘추』의 오경을 위한 강좌들이 개설되어 전문적인 박사관(博士官)이 교수를 맡게 되었다. 이른바 오경박사(五經博士)가 설치된 것이다. 고급관리를 희망하는 사람은 반드시 유교의 학문을 익혀야만 한다는, 이후의 중국사회를 오래도록 지배해온 체제는 이때부터 시작되었다.

이렇게 해서 『역』은 이제 유교의 오경 속에 포함됨으로써 확고부동한 지위를 확보하게 되었다. 본래 아무런 사상성이 없던 점서(占筮)의 책이어서 진시황의 분서까지도 피할 수 있었던 『역』이 잠깐 사이에 이처럼 파격적인 대우를 받게 된 이유는 무엇일까? 물론 「계사전」 이하의 십익(十翼)의 완성에 대해 이미 설명했듯이, 그 내용이 시대의 흐름에 적합한 사상성을 갖추게 되었기 때문이다. 그렇다면 그것의 경전으로서의 확립은 『역』이 '점을 치는 책'일 뿐만 아니라 '사상의 책', '의리의 책'이기도 하다는 것을 정식으로 공인받았음을 의미한다.

인간사와 자연현상을 결부시킨 한역(漢易)

일반적으로 한나라 시대의 역학 즉 '한역(漢易)'은 복잡미묘한 주술적 서법(筮法)을 특징으로 하는 것으로 알려져 있다. 예를 들면, 괘기설(卦氣說)이라는 것은 감(坎, ☵), 리(離, ☲), 진(震, ☳), 태(兌, ☱) 등 4괘에 있는 24개의 효를 1년의 24절기에 맞추어, 감(坎)의 초륙(初六)은 동지(冬至, 十一月中), 구이(九二)는 소한(小寒, 十二月節), 육삼(六三)은 대한(大寒, 十二月中), 육사(六四)는 입춘(立春, 一月節)에 배당하는 것이다. 분괘직일법(分卦直日法)이라는 것은 위의 4괘를 제외한 나머지 60괘를 365일 4분의 1에 맞추어 하나의 괘마다 6일 80분의 7을 만들고[이 때문에 6일7분설(六日七分說)이라고도 한다], 그 6일을 각각의 괘의 6효에 배당해서, 결국 일년 중의 매일을 무슨 괘의 무슨 효에 해당되도록 한 것이다. 두 가지 모두 점법(占法)에 의해 자연의 상징[天象]과 인간의 문제[人事] 간의 필연적인 대응관계를 설명하려고 한 것이다.

또 십이소식괘(十二消息卦)라는 것도 있다.

復	夬	否
䷗	䷪	䷋
(11월)	(3월)	(7월)
臨	乾	觀
䷒	䷀	䷓
(12월)	(4월)	(8월)
泰	姤	剝
䷊	䷫	䷖
(1월)	(5월)	(9월)
大壯	遯	坤
䷡	䷠	䷁
(2월)	(6월)	(10월)

十二月卦氣圖

11월	12월	1월	2월	3월	4월	5월	6월	7월	8월	9월	10월
䷗	䷒	䷊	䷡	䷪	䷀	䷫	䷠	䷋	䷓	䷖	䷁
地雷復	地澤臨	地天泰	雷天大壯	澤天夬	乾爲天	天風姤	天山遯	天地否	風地觀	山地剝	坤爲地
子天開	丑地闢	寅人生	卯	辰	巳	午	未	申	酉	戌閉物	亥

이 12개의 괘의 형태는 음과 양이 서로 아래에서 위로 증가·감소해 가는 순서에 따른 것으로서, 각각의 괘가 그 달[月]을 지배한다고 생각하는 것은 앞의 십이소식괘(十二消息卦)와 같지만, 64괘 중에서 특히 이 12괘를 군괘(君卦)라 하여 존중하고, 다른 52괘는 잡괘(雜卦)로서 신하[臣]에 해당한다고 생각되었다.[1]

한역(漢易)이 이같은 복잡한 서법(筮法)에 근거해서 주술적인 점을 유행시켰는데도 어째서 의리의 책으로 공인받게 되었는지에 대해서는 아마도 잘 이해되지 않을 것이다. 그러나 이른바 한역(漢易)에 보이는 주술적인 점(占)은 확실히 실제의 세력을 가진 점법(占法)이었지만, 이는 사실 전한(前漢) 말기에 이르러 비정통적인 역학(易學)으로서 발생한 것이었다. 당시에 비정통적이라고 비판받았다는 사실은 매우 중요하다. 그러면 전한의 정통적인 역학은 어떤 것이었을까?

---

1) 이른바 '漢易'에 대해서는 鈴木由次郎의 『漢易研究』가 있다.— 지은이

자연철학으로서의 음양사상

그런데 유감스럽게도 전한시대의 정통 역학을 정확히 알 만한 자료는 없다. 다만 「계사전」 등을 통해서 십익(十翼) 사상의 연장선상에 있었을 것이라고는 말할 수 있다. 즉, 전한의 정통 역학은 『역』의 내용을 현실의 역사적 사태와 대응시키면서 사상적으로 해석하는 것이었다고 생각된다. 그리고 거기에서 가장 중요한 점은 역시 천인합일 사상의 강조에 있었음에 틀림없다.

인간세계의 질서가 우주자연계의 질서와 일치한다고 보고, 자연계의 질서에서 어떤 모범을 획득하려는 것이 바로 천인합일 사상이다. 한대(漢代)에는 그 천인관계의 메커니즘을 분명히 하기 위해 자연철학으로서의 음양사상이 채용되었다. 이 우주에는 음과 양이라는 두 종류의 기(氣)가 충만해 있어, 이것이 인간세계의 구석구석까지 두루 퍼져 인간의 육체와 정신에도 들어와 있다. 그러므로 인간과 자연 사이에는 필연적인 감응관계가 있다고 하는 사상이다.

한대의 재상의 일은 실제로 정무(政務)를 담당하는 것보다는 "음양을 조절한다(燮理陰陽)"라는 것이 더 중요했다. 음양의 부조화, 즉 자연계의 운행이 순조롭지 않은 것—예를 들면 태풍이 불거나 일식(日蝕)이 생기기도 하는 것은 모두 현실의 정치가 잘못되고 있기 때문이라고 하여, 재상이 져야 할 최대의 책임으로 여겨졌다. 선제(宣帝) 때의 재상 병길(丙吉)은 시가지 시찰중에 군중들이 소란을 피우는 것을 보고는 그냥 지나쳤으면서도, 소가 헐떡거리는 것을 보고는 큰 관심을 보였다. 그 이유는 사적인 다툼은 사법관의 책임이지만, 덥지도 않은 때에 소가 헐떡거리는 것은 음양의 기(氣)가 어지러워진 증거로서, 이것이야말로 재상의 책임이었기 때문이다. 당시의 시대 분위기를 잘 나타내주는 이야기이다.

동중서(董仲舒)의 사고방식

무제(武帝) 때 국교로서 자리잡은 유학은 전국시대의 제(齊)나라 북방(지금의 산동성)으로부터 전통을 이어온 제학파(齊學派)의 것으로, 그 중심은 『좌씨전(左氏傳)』과 다른 『춘추공양전(春秋公羊傳)』이라는 책을 받드는 학파였다. 제(齊) 지방은 공자가 태어난 노(魯) 지방과 함께 본래 유학이 융성한 곳이었는데, 그 제학파의 유학은 그 지방 특유의 기풍을 이어받아 여러 학파의 학설을 절충한 현실파로서, 또한 신비주의적인 경향을 띠기도 했다. 제나라에서 등장한 공양학파(公羊學派)에서는 공자가 『춘추』를 지은 주된 목적은 다가올 대통일의 세계를 열어보이려 한 데 있었다고 보고, 그 세계가 바로 천명(天命)을 받은 당시의 한(漢)왕조라고 주장했다. 이같은 주장은 현실에 대한 영합임과 동시에 하늘의 뜻[天意]을 배경으로 하는 신비적이고 예언적인 성격을 띠고 있다. 어떤 학파의 사상이 국가적인 정치 이데올로기가 되는 경우에는 여러 가지 순수하지 못한 내용도 포함되기 마련이다.

유교의 국교화를 추진한 중심인물은 동중서(董仲舒)라는 공양학자였다. 역사는 그를 "처음으로 음양사상을 도입하여 이를 유학자의 중심으로 삼게 한" 인물이라고 기록하고 있다. 따라서 그는 "천(天)과 인(人)의 감응관계는 대단히 두려워할 만한 것이다"라면서, 인간의 문제와 자연현상의 밀접한 관계를 강조했다. 즉, 천변지이(天變地異)라는 자연의 이상현상은 모두 인간세계의 사건에 대응해서 일어난다는 사고방식이다.

그래서 "성인은 하늘[天]을 모범으로 해서 인간의 도[人道]를 세웠다"고 말하고, 『춘추』는 과거의 사실을 기록한 역사서이면서, 한편으로는 천인관계를 명확히 함으로써 미래의 세계를 열어가는 것이기도 하다고 말했다. 결국 동중서가 지향한 것은 바로 하늘을 중심으로 하는 도덕적인 질서의 확립인데, 이 목표는 현실의 왕권의 확립까지도 포함하는 것이었다.

사상서로서 공인되다

『역』의 경전화(經典化)는 이러한 공양학파의 움직임과 밀접한 관계가 있다. 한나라 초기의 문예부흥기에 『역』을 전해준 학자들도 역시 제나라 사람들이었다. 역은 성인이 하늘을 모범으로 삼아 만들었다는 것은 「계사전」에서도 강조하는 내용이다. 천인합일 사상은 이미 거기에서 명확하게 나타난다. 그리고 역이야말로 과거를 밝혀내고 미래를 열어가는 것으로 여겨졌다. 바로 역의 신비적인 미래예지이다. 변화를 만들고[生生變化] 그 변화를 통해서 변하지 않는 것을 강조하는 사상, 음양의 대립과 그 대립을 통일시키는 '태극'을 강조하는 사상, 이것은 새로운 중앙집권체제를 추구하는 한(漢)왕조의 지배자들에게 적절한 이론적 근거를 제공해주는 것이기도 했다. 역이 점을 치는 책으로서 본래 갖추고 있던 신비적인 성격은 한나라의 왕권을 장식하는 것으로서 더욱 조장되었다. 그리고 역의 음양사상도 자연철학으로서의 음양관에 걸맞은 것으로서 역시 중시되었다.

유교의 경전이 된 『역』은, 그렇다고 점을 치는 책으로서의 성격을 결코 포기한 것은 아니었다. 그러나 보다 강하게 표면에 드러난 것은 한나라 왕조의 정치체제와 결부되어 있던 사상성, 즉 의리의 책으로서의 성격이었다. 경전으로서 확립되었다는 것은 그 사상성이 공인을 받게 되었음을 의미하기 때문이다.

'역을 잘하는 사람은 점을 치지 않는다'

그런데 이러한 의리의 책으로서의 성격이 물론 하루 아침에 갑자기 생긴 것은 아니다. '역'이라는 말이 점을 치는 것과는 무관하게 인용되고, 교훈적으로 이용된 것으로부터 시작되었다. 이미 『논어』의 「자로」편에는 공자가 "그 덕(德)을 일정하게 하지 않으면 부끄러움으로 나아간다(不恒其德, 或承之羞)"[2]고 하는 『역』의 말을 예로 들어, "점을 칠 것까지도 없이 당연하다"[3]고 설명하고 있다. 이것이 과연 공자 시대의 말일까, 그렇다고 하더라도 과연 당시에도 지금과 똑같은 내용을 담고 있던 『역』의 말이었을까 하는 의문은 남지만, "점을 치지 않을 뿐"[4]이라는 비평의 말은 중요하다. 어쨌든 『역』의 말을 존중해서 인용하고, 이를 자신의 주장의 근거로 삼는 것은 전국시대 말기부터 점차로 유행했다.

초(楚)나라의 공자(公子) 춘신군(春申君)이 진(秦)나라에 갔을 때, 동방의 6국에 대한 침략을 포기하지 않는 진(秦)의 소공(昭公)에게 간하여, "처음은 좋지만, 뒤에는 제후의 원망을 받아서 좋지 않다"[5]라는 뜻을 밝

---

2) 『論語』, 子路. "不恒其德, 或承之羞."
3) 같은 책, 같은 곳. "子曰不占而已矣."
4) 같은 책, 같은 곳. 위의 주 3) 참조.
5) 『戰國策』, 秦策四, 昭襄王上. "易曰. 狐濡其尾. 此言始之易, 終之難也."

했는데, 이는 미제(未濟)⁶⁾의 괘사를 인용하여 그 근거로 삼은 것이다. 또한 유세가(遊說家)인 채택(蔡澤)은 진(秦)의 재상 응후(應侯)의 은퇴를 권하면서, "항룡(亢龍)에게는 후회가 있다(亢龍有悔)"는 건(乾)의 효사를 인용해서 경계했다고 한다.⁷⁾ 어쨌든 이것은 그러한 인용문들이 교훈적인 격언으로 사용되는 경우로서, 『역』의 '경문(經文)'이 점을 치는 것과는 별개로 언어로서 존중되고 있다는 증거이다. 게다가 춘신군의 말에서는 『시경』의 구절⁸⁾과 나란히, 또한 채택(蔡澤)의 말에서는 『논어』의 한 대목⁹⁾과 나란히 인용되고 있다. 『순자(荀子)』의 「대략(大略)」편에는

역을 잘하는 사람은 점을 치지 않는다.¹⁰⁾
— 뛰어난 역학자는 점을 치지 않는다.

라는 대담한 말이 보인다. 이는 점서(占筮)를 부정한 것이었다. 그리고 같은 「대략」편에는 이를 뒷받침하듯이 함(咸)괘, ䷞ 의 의미를 설명한 다음과 같은 말이 있다.

역의 '함(咸)'은 부부(의 도[道])를 나타낸다. 부부의 도는 바르지 않으면 안 되니 군신·부자의 근본이다. '함(咸)'이란 곧 느낌[感]이다. [이 괘의 형태

---

6) 『周易』, 「下經」, 未濟. "未濟. 亨. 小狐汔濟, 濡其尾, 無攸利."(미제. 형통하다. 작은 여우가 거의 물을 건넜으나 그 꼬리를 적신다.)
7) 『史記』, 范雎蔡澤列傳. "易曰 '亢龍有悔', 此言上而不能下, 信而不能詘, 往而不能自返者也. 願君孰計之."
8) 『戰國策』, 秦策四, 昭襄王上. "詩云, 靡不有初, 鮮克有終."
9) 『史記』, 范雎蔡澤列傳. "欲而不知, 失其所以欲. 有而不知, 失其所以有."
10) 『荀子』, 大略篇. "善爲易者不占."

는] 높은 것이 낮은 것의 아래에 있고, 남자가 여자의 아래에 있고 부드러움이 위에 강함이 아래에 있다[그러므로 떨어지기 어렵고 서로 감응하는 것이다].11)

이와 비슷한 말은 『역』의 「서괘전」과 「단전」에도 보이지만, 이 인용문은 그것들의 단순한 합성이라고는 생각되지 않는다. "역의 함(咸)은 부부를 나타낸다"고 쓴 것은 틀림없이 함(咸)괘에 대한 도덕적인 해석을 제시하는 발언이다. 점을 치지 않는 역학자는 『역』의 괘와 효의 형태를 보고, 괘와 효에 대한 문장(괘사와 효사)을 읽어, 거기에서 인생 교훈의 깊은 의미를 생각했던 것이다.

괘사·효사를 사색의 대상으로 삼다

분명히 「계사전」에서는 다음과 같이 말하고 있다.

군자가 평상시 의지로 삼는 것은 역의 괘의 상징적인 의미이고, 즐겁게 완미하는 것은 효사이다. 그러므로 군자는 평상시 특별한 일이 없을 때는 괘의 의미를 생각해서 그 말을 완미하고, 일이 생겼을 때는 역의 변화를 살펴서 점괘의 결과를 완미한다.12)

---

11) 『荀子』, 大略篇. "易之咸見夫婦. 夫婦之道, 不可不正也. 君臣父子之本也. 咸, 感也. 以高下下, 以男下女, 柔上而剛下."
12) 『周易』, 「繫辭上傳」. "是故君子所居而安者, 易之序也. 所樂而玩者, 爻之辭也. 是故君子居則觀其象而玩其辭. 動則觀其變而玩其占."

말하자면 역은 점을 치는 책이지만, 점은 특별한 경우에만 치는 것이고, 평상시에는 역의 괘상과 효사에 의해 사색을 한다는 것이다.

「계사전」이나 「문언전」에는 건(乾)·곤(坤)을 비롯한 몇 개의 괘에 대한 특수한 해설이 보인다. 건(乾)에 대한 「문언전」의 설명의 일부를 들어보자.

초구(初九)에 '물에 잠긴 용[潛龍]이니 쓰지 말라'고 한 것은 어떤 의미일까. 공자는 말했다. 용(龍)의 덕이 있으면서도 숨어 있는 사람이다. 세속에 유혹당하지 않고 명성을 얻으려고 하지 않으며, 세속을 피해서 고뇌하지 않고, 인정을 받지 못해도 개의치 않는다. 즐겁다고 생각하면 스스로 행하고, 마음에 걸린다고 생각하면 스스로 그만둔다. 확실하게 행동할 수 없는 것이 물에 잠긴 용이다.13)

상구(上九)에 '항룡(亢龍)에게는 후회가 있다'는 것은 어떤 의미일까. 공자는 말했다. 귀하지만 지위가 없고, 높은 자리에 있지만 백성이 없으며, 어진 사람[賢人]이 아래의 위치에 있지만 도움이 안 된다. 그러므로 행동하면 후회가 있게 된다.14)

건(乾)의 초구(初九)부터 상구(上九)까지 여섯 개의 효의 위치를 인간에 적용시켜 도덕적인 실천을 생각한 것이다. 이것은 『순자』에 나오는 함(咸)괘의 설명과 거의 같다. 점을 치는 것과는 별개로, 여기에는 괘효

---

13) 『周易』, 「上經」, 乾 "初九曰, 潛龍勿用, 何謂也. 子曰, 龍德而隱者也. 不易乎世, 不成乎名, 遯世无悶, 不見是而无悶. 樂則行之, 憂則違之 確乎其不可拔, 潛龍也."
14) 『周易』, 「上經」, 乾 "上九曰, 亢龍有悔, 何謂也. 子曰, 貴而無位, 高而無民, 賢人在下位而無輔. 是以動而有悔也."

(卦爻)의 말 자체를 사색의 대상으로 삼아 즐기는 모습이 나타나 있다. 그리고 여기서 한걸음 더 나아가면, 역시 점을 치는 기술과는 관계없이 좀더 합리적으로 의문을 해결하는 길이 열리게 되는 것이다.

예를 들면, 자신의 행동을 결정하고자 할 때는 서죽(筮竹)을 가르지 않고 우선 자신의 당면 문제와 상황[時]에 대해 숙고한다. 다음에 그것이 64괘의 어디에 해당하는지를 가려뽑는다. 그런 다음 자신이 처한 현재의 지위가 6효의 위치 ─ 초(初)는 아직 벼슬하지 못함[未出仕], 이(二)는 사(士), 삼(三)은 대부(大夫), 사(四)는 삼공(三公)·제후(諸侯), 오(五)는 천자(天子), 상(上)은 재야의 현자[賢] ─ 의 어디에 속하는지를 생각한다. 이렇게 해서 그 괘사와 효사에 나타난 말을 근거로 판단을 한다는 것으로, 이런 태도는 대단히 합리적인 점법(占法)이다. 아니 이것으로 끝난다면, 이 역시 점을 치는 것에 지나지 않는다. 이런 태도는 어떤 문제에 대한 교훈이나 지침을 『역』에서 구하는 것이라고 할 수 있다. 그리고 이런 식으로 『역』을 이용하는 태도야말로 『역』의 경전으로서의 성격을 강화하는 것이다.

2. 노장과의 관계와 왕필의 역

천재 왕필(王弼)이 살았던 시대

경전이 된 『역』은 그 후 '의리의 역'으로서 사상적으로 깊은 사색의 대상이 되었는데, 그 대표는 위(魏)의 왕필(王弼, 226-249)과 북송(北宋)의 정이천(程伊川, 1033-1107)이다. 왕필의 경우는 노장의 영향을 많이 받았고, 정이천의 경우는 불교의 화엄철학에 의지한 측면이 많았다. 먼저 왕필을 들어서 위진(魏晉)시대의 일반적인 사조와 관련지어 그의 역학(易學)을 살펴보고자 한다.

왕필은 정말로 사상적인 천재라고 할 수 있는 인물이다. 명문귀족 출신으로 겨우 23년이라는 짧은 생애에 『역』과 『노자』에 대한 뛰어난 주석을 남겼을 뿐만 아니라, 적지 않은 저작을 통해 그 후의 사상계에 큰 영향을 주었다. 이 젊은이를 접한 지식인들은 모두 그의 총명하고 천재적인 모습에 감탄했다고 한다.

그는 『삼국지』에 등장하는 저 유명한 위(魏)의 조조(曹操)와 거의 같은 시대를 살았다. 조조의 아들 조비(曹丕)는 후한(後漢)을 넘어뜨리고 위(魏)왕조를 열었지만 겨우 40여 년 만에 권력을 사마씨(司馬氏)에게 빼앗겨, 위나라는 멸망하고 서진(西晉)의 시대가 되었다. 당연히 이러한 시대는 『삼국지』의 남자다운 무대와는 달리, 정치사회의 음습한 모략과 암약이 횡행하는 극히 위험한 시대였다. 왕필은 이 40여 년의 위(魏)왕조 전반기를 살았다. 당시 같은 혼란기에는 그저 목숨을 부지하고 있다는 것만으로도 다행으로 여겼을지 모른다. 이른바 죽림칠현으로 유명한 완적(阮籍)이나 혜강(嵆康)도 같은 시대 사람들이었는데, 이들이 아무런 괴로움도 없이 속세를 떠나 죽림에서 '청담(淸談)'에 깊이 빠져 있었던 것은 아니다. 깨끗한 마음에 깊은 상처를 받은 그들은 육신의 위험을 피하고자 몸을 낮추었고, 동시에 저항의 정신까지도 숨기고 있었다. 실제로 혜강은 체포되어 마흔의 나이에 옥사했다.

이 시대에도 성인 공자를 받드는 유교 중심의 사상이 여전히 성행했다. 그러나 한대(漢代)를 통해서 강제적인 속박이 되어온 형식적인 도의성은, 이때에 와서는 오히려 염증이 날 정도였다. 그리고 그같은 답답한

속박으로부터의 해방을 갈구한 사람들이 동경한 것은 노장사상의 자유로운 정신이었다. 노장사상은 살기 힘든 현실의 정치사회상과 관련하여 널리 유행하게 되었다. 그리고 유교의 경전 중에서 존중된 것은 어디까지나 사상적으로 가장 심원하다고 생각되는 『역』이었다. 『노자』와 나란히 '역로(易老)' 혹은 '노역(老易)'이라고 부르는 것이 보편화되고, 또 『장자』를 합친 이 세 가지 책을 '삼현(三玄)' - 세 가지의 심오한 철학 - 이라 하여 특별히 존중하는 경향도 나타나기에 이르렀다. 왕필은 바로 이러한 시대 분위기의 선두에 섰던 인물이다. 그러면 그의 역학은 어떠한 것이었을까?

혼탁함을 버리고 본질을 추구한다

왕필의 역을 한대(漢代)의 역과 비교해서 평가한 적절한 말이 있다. 바로 "더럽고 고인 물이 없어지고, 얼음처럼 맑고 깨끗한 물이 넘쳤다"는 것이다.15) 한대의 역학(易學)은 앞에서 살펴본 바와 같이 괘기설(卦氣說)이나 6일7분설(六日七分說) 등, 다양하고 복잡한 원칙을 만들어서 자연현상과 인간사 간의 밀접한 관계를 강조하는 주술적인 점(占)으로서 번성했다. 본래 『역』이 경전으로 된 것은 당시 일반에 유행하던 천인합일 사상과 잘 부합되었기 때문인데, 그 후 한대의 역학은 그런 방향에서의 사상적인 깊이는 보여주지 못하고 오히려 복잡하게 얽힌 점치는 기술을 더욱 발전시킴으로써, 신비적인 분위기 속에서 천인합일을 강조

---

15) "潦水盡寒潭淸". 淸初 黃宗羲의 『易學象數論』에 나오는 말. - 지은이

했던 것이다. 또 점차로 나타나게 된 다양한 점법(占法)들과, 황당하고 저속한 것이라 할 만큼 원칙이 없는 방법들도 생겨나서, 한역(漢易)은 결국 민간의 주술과 아무런 차이가 없게 될 정도로 타락하게 되었다. 왕필은 바로 이것을 일소했던 것이다. 번거로운 점치는 기술을 완전히 제거하고 『역』을 순수한 사상서(思想書)로 취급하여 그 깊은 의미를 명확히 했던 것이다. 정말로 혼탁한 물을 깨끗하고 맑게 바꿔놓은 일이었다.

진리를 파악하면 괘의 의미나 상징〔象〕은 버려라

왕필에게 『역』이라는 책은 진리를 담고 있는 철학서였다. 그는 64괘의 각각의 괘는 바로 '시(時)'라고 말한다. 그것은 '때'나 '경우' 같은 특정한 상황을 가리키는 말인데, 예를 들면 예(豫)괘의 「단전(彖傳)」에 "예(豫)의 시의(時義)는 크도다"[16]라고 적혀 있는 말이 이런 의미이다. 즉, 각각의 괘는 사람이 마주칠 수 있는 특정한 상황을 가리키고 있다고 보는 것이다. 그러나 특정 상황은 결코 고정적인 것이 아니다. 마찬가지로 '시(時)' 속에도 역시 다양한 변화가 있을 수 있다. 그것이 괘의 형태를 구성하는 효에 의해 나타난다. "효(爻)는 변화를 말한 것이다"[17]라는 것은 「계사전」의 말이다. 괘효의 형태는 그러한 구체적인 상황을 근거로 해서 만들어졌는데, 중요한 것은 바로 괘사와 효사의 상징들이 의미하는 근본적인 진리이다. 『역』을 배운다는 것은 곧 그 진리를 파악하기 위해서이며, 그저 '경문(經文)'이나 괘의 형태만 알려고 해서는 안 된다는

---

16) 『周易』, 「上經」, 豫. "豫之時義 大矣哉."
17) 『周易』, 「繫辭上傳」. "爻者, 言乎變者也."

것이다.

　본래 괘의 상(象)은 의미를 나타내는 것이고, 괘사와 효사는 상(象)을 설명한 것이다. 그러므로 의미를 분명히 하기 위해서는 상(象)에 의존하는 것이 제일이고, 상(象)을 분명히 하기 위해서는 말[言]에 의존하는 것이 제일인데, 말에 의존해서 상(象)을 생각하고 상(象)에 의존해서 의미를 생각한다. 그리고 말은 상(象)을 분명히 하기 위한 수단이므로, 상(象)을 알았으면 말은 잊어버려야 한다. 상(象)은 의미를 분명히 하는 수단이므로, 의미를 알았으면 상(象)은 버려야 한다. 토끼를 잡기 위한 올가미와 고기를 잡기 위한 통발은 토끼와 고기를 잡으면 잊어버려야 한다는 것과 마찬가지이다. 그렇다면 말은 상(象)을 잡기 위한 올가미에, 상(象)은 의미를 잡기 위한 통발에 지나지 않는다.

　여기서 '의미'라는 것은 역의 근본진리를 가리킨다. 그리고 "득의망상(得意亡象)-진리를 파악했다면 괘상(卦象)은 잊어버린다"는 것이 이 주장의 핵심이다. 괘상(卦象)을 위주로 해서 역을 해석하는 것을 '상수학(象數學)'이라 하는데, 바로 한역(漢易)이 대표적인 경우이다. 괘상(卦象)을 버리고 잊는다는 말은 물론 한역에 대한 반대를 표명한 것이었다. 왕필의 생각에 따르면, 한역은 말초적인 형식에 사로잡혀 진실을 보지 못했다는 것이다.

'무(無)'가 만상(萬象)의 근본

　이 주장은 현상(現象)의 뒤에서 진리를 찾으려 하는 그의 철학적인 입장과 깊은 관계가 있다. '득의망상(得意亡象)'은 본래 『장자』에 근거한 말이다. 왕필은 이 책에서 많은 것을 배웠다. 진리는 눈에 보이는 잡다한 현상의 뒤에 있는 유일하고 절대적인 것으로서, 그것이 이 현상세계를 지탱하고 있다. 그 진리란 바로 '무(無)'라고 그는 생각한다.

복(復)괘 「단전」에 있는 "복(復)이 그 천지의 마음을 볼 수 있을까"18)를 그는 다음과 같이 해석한다.

'복(復)'이란 근본으로 되돌아감을 말한다. '천지의 마음'은 근본에 있다(천지는 근본을 마음으로 여긴다). 모든 움직임[動]이 끝나면 고요함[靜]이 되지만, 참된 고요함은 움직임에 대립하는 것은 아니다. 말[語]이 멈추면 침묵[默]이 되지만 참된 침묵은 말에 대립하는 것은 아니다. 그렇다면 천지는 크고 넓어서 만물을 갖추며, 천둥이 치고 바람이 부는 자연의 변화는 매우 다양하기는 하나 조용히 무(無)에 이르게 되는데, 이것이 바로 근본이다. … 만일 있는 것[有]을 마음[心]이라고 한다면 천지는 이러한 다양한 종류들을 갖추지 못할 것이다.19)

여기서는 움직임과 고요함[動靜], 말과 침묵[語默]의 대립을 초월한 궁극적인 무(無)의 경지가 강조되고 있다. 이 무(無)에 의해서 비로소 만상(萬象)이 존재하게 되고, 그 의미를 지니게 된다는 것이다. 다음에 인용한 그의 『노자』 주석도 이런 사고방식과 관계가 깊다.

---

18) 『周易』, 「上經」, 復. "復其見天地之心乎."
19) 『周易』, 「上經」, 復. 위의 「彖傳」에 대한 왕필의 주석. "復者, 反本之謂也. 天地以本爲心者也. 凡動息則靜, 靜非對動者也. 語息則默, 默非對語者也. 然則天地雖大富有萬物, 雷動風行, 運化萬變, 寂然至無, 是其本矣. … 若其以有爲心, 則異類未獲具存矣."

그래서 천지는 광대하지만 무(無)를 마음[心]으로 여긴다. … 그러므로 복(復)으로써 보면(무[無]에 돌아가 숙고하면), 천지의 마음도 보인다(확실해진다)고 한 것이다. … 그러므로 사심(私心)을 없애고 자기자신을 없애면(신체[身體]를 무[無]로 한다면), 세계가 우러러보지 않음이 없어서(세계가 잘 다스려져서) 먼 나라와 가까운 나라들도 이르게 될 것이나, 자신을 다르게 하여(세워서) 마음[心]을 갖게(편견을 갖게) 되면, 자기 몸뚱이[體]조차 스스로 온전하게 지킬 수 없을 것이다. … 만물이 비록 귀중하지만 무(無)를 쓰임[用]으로 여기지, 무(無)를 버리고는 형체[體]가 될 수 없다.20)

무(無)에 대한 강조가 '복(復)' 또는 '복귀(復歸)'와 관련되어 설명되고 있다는 점에 주목해야 한다. '복(復)'은 『역』의 괘명이고, '복귀(復歸)'는 『노자』에 나오는 말이다. 그러나 『역』과 『노자』에서 그 의미는 서로 다르다. 복(復)괘의 '경문(經文)'에서는 '반복(反復)' 또는 '돌아오다[來復]'라고 하여 반복해서 다시 생긴다는 의미이다. 겨울이 가고 봄이 오는 것을 "하나의 양이 다시 돌아옴(一陽來復)"이라 하는데, 복(復)괘의 형태 ䷗가 바로 그런 모습을 나타내고 있다. 음(陰)만 있는 곳에 하나의 양(陽)이 아래로부터 생겨서 점차 커지는 형태이다. 왕필의 주석은 이를 무시하고 노자 식의 해석을 붙인 것이다. 만물의 근본인 무(無)의 입장으로 '되돌아간다'는 것은 『노자』의 영향에 의한 왕필의 독특한 해석이었다.

이 '되돌아간다'는 것은 『노자』의 주에 언급되어 있듯이 "사심(私心)을 없애고, 자기자신을 없앤다(신체를 무[無]로 한다)"는 것이다. 일상의

---

20) 『老子』 제38장에 대한 왕필의 주석. "是以天地雖廣, 以無爲心. … 故曰, 以復而視, 則天地之心見. … 故滅其私而無其身, 則四海莫不瞻, 遠近莫不至, 殊其己以有其心, 則一體不能自全. … 萬物雖貴以無爲用, 不能捨無以爲體也."

생활에 쫓겨 상대적인 현상의 세계에 사로잡혀 있는 눈을 돌려서, '나'라고 하는 주관적인 편견을 버리고 객관적이고 공적(公的)인 세계와 일체가 되고자 하는 노력이다. 여기에서 바로 무(無)의 세계가 열린다는 것이다.

이 현상세계의 모습은 다양한 변화와 차별을 가지고 있다. 현상세계가 한낱 거짓이라거나 틀렸다는 것은 아니지만, 그렇듯 현상세계가 존재하는 것은 그 근저를 꿰뚫는 보편적인 무(無)가 있기 때문이라는 사고방식이다. 따라서 현상의 갖가지 모습에 사로잡히지 않는 자유로운 입장에서 주체적인 존재를 이루기 위해서는 무(無)의 입장으로 되돌아갈 필요가 있다. 현상의 이면에 침잠(沈潛)해서 무(無)의 심연(深淵)에 이르러, 현상의 참된 의미를 통찰해야 한다는 것이다. 이것이 왕필의 실천적인 관심이었다.

'무(無)' 사상의 완성

무(無) 사상은 본래 『노자』에게서 나온 것이다. 무(無)는 어디까지나 유(有, 존재)의 근거가 되는 것으로서 유(有)를 있게 하는 것인데, 그 의미는 무(無)가 유(有)를 포괄하면서 동시에 우위에 있다는 논리였다. 예를 들면, "무위이무불위(無爲而無不爲) - 고의로 하지 않아도 하지 않음이 없다" 또는 "무사(無私)이기 때문에 '나'를 이룰 수 있다" 등은 무위(無爲)와 무사(無私)가 단순한 무(無)가 아니라 더 크게 이루어 '나'를 만드는 유(有)의 입장을 포괄하고 있음을 보여준다. 그만큼 현실의 유(有)로부터 조금도 떨어질 수 없는 무(無)의 사상이라고 할 수 있다. 무위(無爲)나 무사(無私), 무지(無知), 무욕(無欲) 등과 같은 말은 숱하게 있어도, 『노자』에 무(無) 자체에 대한 철저한 사색이 거의 안 보인다는 것이 이를 잘 나타내주고 있다. 『노자』에는 형이상학의 싹이 보이기는 하지만, 아직 사색에 있어서의 깊이를 찾을 수는 없다. 그러나 왕필에 있어서 무(無)의 초월성은 보다 확실해진다. 즉, 무(無)의 존재성이 분명하게 드러난다고 할 수 있다.

앞에서 동정(動靜), 어묵(語默)의 대립을 초월한 참된 고요[靜], 참된 침묵[默]을 말한 대목에서도 이것은 확실하게 나타난다. "조용히 무(無)에 이른다(寂然至無)"라는 표현이 이미 대립세계 속에서의 무(無)가 아님을 보여주고 있는 것이다. 결국 『노자』에서 최고의 궁극적 개념으로 여겨진 '도(道)'마저도 그것이 도(道)로서의 존재를 이루기 위해서는 역시 무(無)에 의지할 수밖에 없다는 것으로 설명되기에 이른다.

> 만물은 만가지 형태를 갖지만, 그 중심(돌아갈 곳)은 하나이다. 무엇에 의해 하나가 되는가, 그것은 무(無)에 의해서이다.[21]
>
> 도(道)는 이름도 없고 형체도 없기[無名無形] 때문에 만물을 형성할 수 있다.[22]
>
> 대개 칭호나 이름이 있는 것은 최고의 것이 아니다. … 도(道)란 이름이 있는 것 중에서 큰 것이지만, 이름이 없는 것의 큼에는 미치지 못한다.[23]

왕필의 『노자주(老子注)』에 보이는 이러한 말들을 읽어가면, 『노자』

---

[21] 『老子』 제42장에 대한 왕필의 주석. "萬物萬形, 其歸一也. 何由至一, 由於無也."
[22] 『老子』 제1장에 대한 왕필의 주석. "言道以無形無名, 始成萬物."
[23] 『老子』 제1장에 대한 왕필의 주석. "凡物有稱有名, 則非其極也. … 然則是道, 稱中之大也, 不若無稱之大也."

에서 '도(道)'의 한 특성으로 여겨진 무(無)는 이제 역전된 것이 확실하다. 무(無)는 왕필에게 가장 중요한 기본개념으로서 그의 철학의 중심에 위치해 있어, 마치 존재성을 확립한 형이상학적인 형식개념과 비슷한 것이 되고 있다. 노장적(老莊的)인 무(無)의 사상은 왕필에 의해 완성되었다고 할 수 있다.

왕필의 공적

왕필의 『역주(易注)』는 이러한 무(無)의 철학에 근거하면서 노자 식의 처세철학을 말하고 있다. 부드럽고 약하게 스스로를 낮추는 태도를 좋다고 여기고, 자연의 흐름을 거스르지 않으며, 윗자리(上位)에 있어도 교만하지 않고, 아랫자리(下位)에 있어도 근심하지 않고 내 몸을 삼간다는 처세법이다. 경전으로서 그것은 교훈의 책이기도 했다. 후세에 왕필의 『역주(易注)』를 비난하는 사람은, 유교의 경전을 노자의 사상으로 해석했다는 점에 화살을 돌린다. 복(復)괘의 해석에서도 명확하게 드러나듯이, 그것은 사실이다. 다만 『역』과 『노자』를 아울러 존중하는 것은 당시의 추세이기도 했다. 그것을 사상적으로 파고들어 철학서로서의 『역』의 면모를 확실히 드러낸 것이야말로 왕필의 공적이었다.

왕필의 소년시절에 그를 비범한 사람으로 보았던 고관 배휘(裴徽)는 "정말로 무(無)는 만물의 근거이다. 성인 공자도 이것을 전혀 이야기하지 않았는데, 노자가 그것을 자주 말한 것은 어째서인가?"라고 물었다. 이에 왕필은 "성인은 바로 무(無)와 일체가 되고 있습니다. 무(無)는 가르칠 수 있는 성질의 것이 아니기 때문에 말하지 않은 것입니다. 노자는 유(有)의 입장에 서 있기 때문에, 자신이 이르지 못한 경지를 언제나 말하고 있는 것입니다"라고 답했다. 이 대답은 배휘를 감동시켰다. 이는 공자가 노자보다 더 높은 단계에 있음을 인정하면서도, 실질적인 사상 내용에서는 오히려 노자를 존중한다는 당시의 시대적 분위기를 적절히 표현했기 때문이다.24) 그렇다면 왕필의 『역주(易注)』의 입장도 좀더 명백해질 것이다. 즉, 성인 공자의 경전을 그 자체로 존중하면서도 내용적으로는 노자의 입장을 반영·심화시켜 철학서로서 해석한 것이었다.

3. 송대철학의 정수—정이천의 역

현상을 지탱하는 '이(理)'의 세계

왕필이 타계한 후 7백년쯤 지나서 북송의 조정이 열린다. 위·진·남북조의 분열시대와 수·당의 통일시대, 다시 오대의 혼란시대를 거쳐, 드디어 안정된 통일시대를 맞이했다. 그리고 여기서 언급하게 될 정이천은 건국 후 약 백년 뒤의 인물로서, 바로 북송 조정의 전성기를 살았던 사람이다.

정이천의 이름은 이(頤)이고 이천(伊川)은 그의 호이다. 그는 형 명도(明道)—이름은 호(顥)—와 함께 주자학(朱子學)으로 이어지는 북송시기의 대표적인 사상가였는데, 이들 형제의 성격은 서로 매우 달랐다고 한다. 명도는 한번도 화를 낸 적이 없이 마음이 넓은 인물이었는 데 비

---

24) 『世說新語』文學篇.—지은이

해, 이천은 매우 엄격한 성품의 소유자로서 어떤 문제에 대해 적당히 넘기지 않고 끝까지 이론적으로 파고드는 꼼꼼한 인물이었다. 일찍이 어떤 사람이 미망인의 재혼문제를 놓고 "가난하고 친척이 없어 굶어죽게 된다"면서 어떻게 하면 좋겠느냐고 묻자, 정이천은 "굶어죽는 것 따위는 아무것도 아니다. 두 남편을 섬기지 않는다는 것을 깨고 절의를 잃어버리는 것이야말로 중대한 일이다"라고 말했다는 이야기는 유명하다. 이같은 엄격한 윤리관은 물론 그의 학설과 깊은 관계가 있지만, 역시 그의 엄격한 성품으로부터 나온 것이기도 했다.

이천의 철학은 '이(理)'의 철학이라고 일컬어진다. 주자(朱子)에 의해서 집대성된 송대의 철학을 '이학(理學)'이라고 부르는 것은 '이(理)'라는 개념을 중심으로 하기 때문이다. 이 '이(理)'를 유학(儒學)의 영역으로 끌어들인 것은 정명도이지만, 이학(理學)으로서의 특색을 확실히 한 것은 동생 이천이었다. 이천은 만물은 음양의 '기(氣)'에 의해 생성된다고 보면서도 그 물질적인 '기(氣)' 외에 그 현상의 배후에서 그것을 의미 있게 하고 근거를 제공하는 것으로서의 '이(理)'의 존재를 강조했다. 『역』의 「계사전」에는 "한번 음(陰)하고 한번 양(陽)하는 것을 도(道)라고 한다"25)고 했는데, 이천을 이를 해석하여 다음과 같이 말하고 있다.

    음양을 떠나서 별도로 도(道)가 있는 것이 아니다, 음양이 운행하는 그 근거(음양하는 까닭)가 도(道)이고, 음양 그 자체는 기(氣)이다. 기(氣)는 형이하(形而下)이고, 도(道)는 형이상(形而上)이다.

『역』의 말을 문자 그대로 해석하면, "음양하는 것(한번 음이 되고 한

---

25) 『周易』,「繫辭上傳」. "一陰一陽之謂道"

번 양이 되는 것), 그것이 도(道)이다"라고 읽을 수 있다. 그런데 이천은 이것을 부정하여 '음양하는 까닭'이라는 것을 생각해냈다. 즉, 음양 이외에 그것과는 차원을 달리하는 근거를 생각해내어 그것을 바로 도(道)라고 했다. 이 도(道)는 '이(理)'와 같은 의미였다. 즉, 이천의 사고는 분석적이고 사변적이어서, '이(理)'의 세계를 현상의 배후에 있는 형이상학적 세계로서 확립하려고 지향했다.

"'음양하는 까닭'이 도(道)이다"라는 해석은 후에 주자에게 계승되어, 주자학의 중요한 논리를 구성하게 된다. 그러므로 주자학에 반대하여 고학(古學)을 일으킨 일본의 이토오 진사이(伊藤仁齋, 1627-1705)나 오규우 소라이(荻生徂徠, 1666-1728)는 그 '까닭[所以]'이라는 말을 덧붙이는 것을 공격했다. 따라서 이에 대한 문제는 확실해질 것이다. '이(理)'를 중심으로 세울 것인가, 그것을 부정할 것인가가 바로 그 해석을 달리하게 만든다. 이천의 철학을 '이(理)'의 철학이라고 평가하는 의미는 바로 거기에 있다.

『역』이 존중된 시대

송대의 유학은 중국사상사에서 가장 사변적이고 그만큼 철학적이다. 본래 사변적인 경향은 유학보다는 노장의 도가사상이나 불교 쪽이 더 강했다. 그러므로 앞에서 살펴보았듯이 왕필은 노장의 무(無)에 의해 『역』을 해석했던 것이다. 송나라가 발흥해서 새로운 사상을 담당하게 된 것은 사대부계층 혹은 독서인계급이라고 불리는 사람들이었다. 출신의 신분에 관계없이 유교의 교양을 습득하고, 그것에 의해 고급관리가 되기를 기대한 사람들이었다. 그들에게는 실력에 따라서는 재상에까지 오를 수도 있다는 밝은 전망이 있었고, 그만큼 국가사회에 대한 건강한 책임감도 있었다. 형해화되어 사상적으로 무력감에 빠져 있던 유학을 다시 세우는 일이 이들에 의해 시도된 것은 정말로 자연스러운 일이었다. 그리고 그 과제는 유학 본래의 도덕성을 생생한 실천성에서 소생시키는 한편, 불교나 노장의 사변적인 우주론과 심성론을 도입하여 그 기초를 굳건히 다짐으로써 이루어지게 되었다. 물론 유학의 문도(門徒)로서 불교나 노장을 드러내놓고 배운다는 것에 대해서는 일말의 거리낌도 있었다. 입으로는 불교나 노장을 극구 비판하기도 했다. 그러나 사변적인 사상가들이 대부분 불교나 노장의 영향을 받았다고 하는 사실은 부정할 수 없다.

이런 시대적 상황에서 유교의 경전으로서 존중된 것은 먼저 『역』이었다. 거기에 보이는 유교적인 도덕성과 천인합일의 범신론적인 기초가 그들이 지향한 목표와 잘 부합되었기 때문이다. 그리고 왕필의 선례를 이어받아 사변적인 깊은 사색을 하는데도 이 책이 적합했기 때문이다.

노장과 불교에 대항해서 그에 뒤지지 않는 심원한 유학사상을 설명하기 위해 『역』이 이용된 것이었다. 그러면서 『역』의 사상이나 말에 근거하여 우주론을 설명하거나 도덕적인 실천론을 전개하기도 하는 경향이 차츰 성행하게 되었다. 정이천의 『역전(易傳)』도 이러한 상황에서 탄생했던 것이다.

『역전(易傳)』에 온 힘을 기울이다

그러나 이천이 지향한 것은 그러한 단편적인 『역』의 이용이 아니었다. 실로 왕필을 이어받아 그의 『역주(易注)』를 대신할 수 있는 『역』자체에 대한 종합적이고 체계적인 파악을 시도했던 것이다. 왕필의 『역주(易注)』는 당나라의 『오경정의(五經正義)』에도 채용되었고, 다른 많은 주석에도 큰 영향을 끼쳤다. 『역』을 점서(占筮)나 상수(象數)로부터 해방시켜 의리(義理)의 책으로서 확립했다는 점에서는 송대의 사변적인 분위기와 완전히 일치한다. 그러나 왕필의 『역주(易注)』가 유학자들에게 결정적으로 거부감을 준 것은 그것이 너무 노골적으로 지나치게 노장적이라는 사실이었다. 이천의 『역전』 역시 왕필의 주석으로부터 많은 것을 배우면서도 그 노장적 무(無)의 개념에 대해서는 불만스럽게 생각했던 것이다. 그래서 『역전』이야말로 이천이 죽기 전 해까지도 퇴고에 퇴고를 거듭한 필생의 역작이었다.

『역전』이 일단 완성된 것은 그가 죽기 거의 10년 전이었다. 그러나 그는 이 책을 즉시 사람들에게 전하지 않았다. 여러 차례 수정을 거듭하면서 70세를 지나 세상에 내놓으려 했던 것이다. 칠순이 지난 후 문인들이 그 공표를 간청했을 때 그는 이렇게 대답했다. "역전을 공표하지 않음은 나의 정력이 아직 쇠하지 않은 만큼, 조금 더 보완을 했으면 싶기 때문이야." 이렇게 해서 그는 죽기 전 해에 74세의 병상에서 비로소 그 저술을 문인들에게 전했다고 한다. 이천의 정력이 이 책에 결집되어 있다고 해도 지나친 말은 아니다. 그러면 그의 역의 해석은 어떤 것이었을까?

변화하는 사상(事象)을 통해 '이(理)'를 파악

왕필의 경우와 마찬가지로, 그 역시 상수(象數)를 중요시하는 입장은 점술가[術者]들이 행하는 것으로서 유학자[儒者]가 힘써야 할 것은 아니라며 부정했다. 역의 근원은 '이(理)'에 있으며, 그것이야말로 중요하다는 것이 이천의 생각이다. 그는 "이(理)가 있은 후에 상(象)이 있고, 상(象)이 있은 후에 수(數)가 있다. 역은 상(象)에 근거해서 이(理)를 밝힌 것이다. 상(象)이나 수(數)의 말단으로 취급될 것은 아니다"라고 문인들을 깨우치고 있다. 이런 태도는 바로 왕필의 '득의망상(得意亡象)'을 연상시킨다. 왕필에서의 '의(意)'가 이천에서는 '이(理)'로 변한 것이다. 그리고 그만큼 사색이 한층 깊어졌다. '이(理)'의 의미가 형이상학적으로 정밀하게 사고됨과 동시에 '이(理)'와 상(象)의 관계도 추구되기에 이르렀다. 상(象)은 곧 역의 64괘의 형태이다. 물론 384효의 형태까지 포함된다. 이천에게 상(象)은 이 현실세계의 다양한 사상(事象)의 상징이었다. 세계의 상황은 다양하게 변화한다. 그것들을 정리해서 64괘로 구분하여 설명한 것이 역이다. 그러나 이 64개의 형태는 결코 정적(靜的)인 것이 아니다. 왕필이 괘를 '때[時]'로서 이해하고 있는 입장을 그대로 계승하여, 이천은 "역이란 곧 변역(變易)이다. 시시때때로 변화해서 중심의 도[中心之道]를 따르는 것이다"라고 말하고 있다. 역의 64괘는 복잡한 사상(事象)의 변화와 움직임에 대응하는 그 변화의 모습이다. 그리고 현상은 중심의 근거가 되는 도(道)를 통해 더욱 분명히 밝혀지게 된다.

역의 상(象)을 완미하고 괘사와 효사를 숙독해서, 그것을 현실의 경험에 비춰 해석하면 세계의 사상(事象)의 전모를 파악할 수 있다는 것이다. 요컨대『역전』은 이러한 관점에서『역』에 나오는 말[辭]을 해석한 것에 지나지 않는다. 그러므로 말[辭]에 의해서 그 의미를 파악하는 것은 각자의 노력에 의지하지 않으면 안 된다고 그는 말한다. 중요한 것은 말[辭]과 상징[象]을 통해서 파악되는 그 의미가 바로 '도(道)'이고 '이

(理)'라는 것이다.

본체와 작용

사상(事象)은 현상으로서 나타난 것임이 명백하다. 그러나 '이(理)'는 그 사상(事象)의 깊숙한 구석에 숨어 있는 것으로, 극히 미묘해서 파악하기가 어렵다.

　　지극히 미묘한 것은 이(理)이고, 지극히 드러난 것은 상(象)이다(至微爲理, 至著爲象).

그러나 이 두 가지는 서로 완전히 개별적으로 떨어져 있는 것은 아니다. 이 이(理)와 상(象)의 관계를 분명하게 설명한 것이 이천철학의 특색이었다.
그는 그 관계를

　　본체[體]와 작용[用]은 근원이 같고, 드러남과 미묘함은 사이가 없다
　　(體用一源, 顯微無間).

라고 표명했다. 여기서 드러남[顯]과 미묘함[微]이 위에서 언급한 드러난 사상(事象)과 미묘한 '이(理)'를 가리키고 있음은 말할 필요도 없다. 체(體)와 용(用)은 본체와 작용이다. 현상의 뒤에 숨어서 현상을 의미있게 만드는 근원의 실체, 그것은 물론 '이(理)'이다. 그리고 그 실체의 현

상화한 움직임이 바로 사상(事象)이다. '이(理)'와 사상(事象)은 본체와 작용의 관계로 이해될 수 있다. 그러므로 양자는 같은 근원을 갖는다. 그리고 또한 어떤 간격도 없이 서로 상즉(相卽)해서 합치하고 있다. 같다고 하는 것은 또한 "현상과 실체는 일치하며, 미묘함과 드러남은 근원이 같다(事理一致, 微顯一源)"라고 말해지기도 한다. 사상(事象)을 떠난 '이(理)'는 없고, 또 '이(理)'를 떠난 사상(事象)도 없다.

그런데 '이(理)'는 유일하고 절대적인 근원적 실체이고, 사상(事象)은 천차만별로 다양하다. "사(事)와 이(理)가 일치한다"고 하면 유일의 '이(理)'가 어떻게 복잡하고 다양한 현상과 일치하는가, 이것이 문제이다. 이천은 이를 "이일분수(理一分殊)－이(理)는 하나이지만 다양하게 나누어진다"로 설명했다. 즉, 하나의 '이(理)'가 나누어져 천차만별의 현상 속에 잠재해 있다는 말이다. 그러나 그 나누어짐의 방식이 다시 문제가된다. 유일의 '이(理)'가 어떻게 나누어지는가? 또 그 나누어진 것과 본래의 '이(理)'의 관계는 어떠한가? 만일 부분과 전체로 설명한다면 결국 '이(理)' 역시 복잡하고 다양한 사물이 되는 것이 아닌가?

하나의 달도 다양하게 보일 수 있다

이천의 논리는 여기서 하나의 비유로 바뀐다. 그것은 달의 비유이다. 맑은 밤하늘을 비추는 달은 물론 하나이지만, 그 형체는 땅 위의 다양한 것에 비친다. 바다에 비친 달, 급류에 찌그러져 보이는 달, 물동이 위에 고요히 비치는 달, 술잔 위의 작은 달 …. 본래의 달은 하나일지라도 그 비추어진 형체는 다양하다. '이(理)'가 드러나는 방식도 이와 마찬가지다. 그렇다면 이것은 전체와 부분의 관계는 아니다. 달의 어느 부분만이 분할되어 비치는 것이 아니듯이, 하나하나의 현상에 숨어 있는 '이(理)'는 본래 완전한 것이다. 다만 이(理)을 받아들이는 쪽의 상황에 의해서 그 형태가 바뀔 따름이다. 흐린 물에 비치는 달은 비록 비치고는 있으나 그 형체는 보이지 않는다. '이(理)' 역시 개개의 사물에 숨어 있다고 하더라도 분명하게 파악되지 않는 경우가 많다.

이천의 설명이 충분하고 철저하다고는 말할 수 없지만, '이(理)'의 유일성이 조금도 파손되지 않은 채 개개의 사물에 내재한다는 관계는 일단 쉽게 이해할 수 있을 것이다. 역의 64괘가 세계의 다양한 사상(事象)의 상징이라 한다면, 당연히 '이(理)'는 그 각각의 괘상(卦象)에 내재해 있는 것이다. 역이 "시시때때로 변화해서 중심의 도(道[理])를 따르는 것이다"고 말해지는 의미가 이제 분명해졌을 것이다. 이천의 이 형이상학적인 우주론은 주자에 의해 더욱 정밀한 체계를 갖추게 된다. 그 문제는 여기서는 생략하지만, 이천의 역학(易學)은 그같은 철학에 입각한 강한 도덕적 해석으로 일관하고 있다. 결국 그가 64괘에 의해 표현된 사상(事象)으로서 생각한 것은 바로 인간사의 현상이었으며, 또 그만큼 도덕적인 사상(事象)이었다.

도덕성의 기반

예를 들면 간(艮)괘의 「단전」에 있는 "그칠 때에 그치는 것은 바른 곳에 그치게 된다"[26]를 해석하여, 그는 "아버지는 인자함[慈]에서 그치고, 아들은 효도[孝]에서 그치며, 임금은 어짊[仁]에서 그치고, 신하는 공경

[敬]에서 그친다(父止於慈, 子止於孝, 君止於仁, 臣止於敬.)"라고 설명하고 있다. 즉, 『대학』의 "지극한 선에서 그친다(止於至善)"의 의미를 빌려서 임금과 신하, 아버지와 자식의 윤리를 말한 괘로서 해석했다. 간(艮)의 괘사는 "그 등에 그친다(艮其背)"[27]이고, 「단전」에 "간(艮)은 그치는 것이다(彖曰. 艮, 止也.)"[28]가 있으며, 또 "그쳐야 할 때에 그치고, 가야할 때에 간다(時止則止, 時行則行.)"[29]라는 말이 있다고 하더라도, 이천의 해석은 원래의 의미를 파악했다고는 말할 수 없다. 그러나 이천식의 해석에 의해, 『역』은 유교경전에 걸맞게 도덕적인 의미를 보여주는 책으로서의 성격이 강해지게 된다. 그리고 이러한 도덕성은 '이(理)'가 드러난 것[顯現]으로서 설명됨에 따라 비로소 개별적인 것을 초월한 강력하고 보편적인 기초를 얻게 되었다.

여기서 한 가지 예를 들어보자. 가인(家人)괘의 「단전」에 "남녀가 바르게 해야 하는 것은 천지의 큰 의리이다(男女正, 天地之大義也.)"[30]라는 것을, "존비내외의 도[尊卑內外之道]가 바르게 되는 것은 천지음양의 대의[天地陰陽之大義]에 합치하는 것이다"로 해석한 예이다. 남녀의 지위를 '존비내외의 도'라고 한 것은 도덕적인 규제의 강화이지만, '천지의 대의'에 '음양'이라는 두 글자를 붙여서 그것에 '합치한다'고 설명한 것에도 깊은 의미가 있다. '천지음양의 대의'라는 것이 객관적으로 확립되어 있지만, 이천에게 그 '대의'는 우주자연을 관통하는 '이(理)'이다. 남녀의 올바른 지위(존비내외의 구별을 하는 것)가 근원적인 '이(理)'

---

26) 『周易』, 「下經」, 艮. "艮其止, 止其所也."
27) 『周易』, 「下經」, 艮.
28) 『周易』, 「下經」, 艮.
29) 『周易』, 「下經」, 艮.
30) 『周易』, 「下經」, 家人.

와 합치하는 것으로 제시될 때, 그것은 아무리 해도 피할 수 없는 규제력으로서 사람들에게 다가설 것이다.

'이(理)'를 중심으로 하는 도덕성이란 바로 이런 것이다. 그것은 주자에게 계승되어, 마침내 반(反)주자학의 사람들로부터 "이(理)로 사람을 죽인다(以理殺人)"고까지 비판받을 정도가 되었다. 그 발단은 정이천에 있다고 할 수 있다. 어쨌든 이천의 『역전』은 강력한 도덕성을 우주론적 사변의 근거에 호소한 책이었다. 『역』은 이제 완전한 의리의 책, 도덕철학의 책이 되었다.

화엄철학의 영향

사물과 진리[事理]의 일치를 말한 정이천의 철학은 사실 화엄철학으로부터 많은 영향을 받았다고 할 수 있다. 화엄의 교리에서는 이법계관(理法界觀), 사리무애법계관(事理無碍法界觀), 사사무애법계관(事事無碍法界觀)의 세 단계로 세계관을 설명한다[澄觀, 「法界玄鏡」]. 첫번째는 현상의 뒤에 있는 '이(理)'의 세계만을 진실이라고 인정하는 입장이고, 두번째는 현상과 '이(理)'가 상즉(相卽)해서 일치하다고 보는 입장이며, 세번째는 '이(理)'의 절대성으로부터 현상의 개별적 차이를 부정하여 만사를 평등하게 보는 입장이다. 이천의 입장이 두번째의 '사리무애(事理無碍)'와 일치한다는 것은 금방 알 수 있다. 화엄의 철학에서는 세번째의 입장을 최고의 경지로 여기지만, 유교로서는 현실세계까지 부정할 수는 없었다. 이천은 화엄철학을 배우면서도, 유학자로서의 본분을 지키면서 독자적인 견해를 만들어냈던 것이다.

의리의 역으로서 다루어야 할 것은 아직도 많다. 송학을 집대성한 주자는, 왕필과 정이천이 경시한 점서(占筮)와 상수(象數)를 다시 중시하여 의리(義理)와 점서(占筮)의 종합을 시도했다. 그것이 바로 『주역본의(周易本義)』이다. 그러나 청대 초기에 이르면 상수학(象數學)을 도교적(道敎的) 기술의 혼합이라고 비판하여, 다시 순수한 의리의 역으로 돌아가려는 움직임이 활발하게 이루어졌다. 황종희(黃宗羲)나 왕부지(王夫之)의 역학(易學)이 그것이다. 이런 내용을 상세하게 더듬어보려면 사실 중국사상사의 전체에 관한 서술이 필요할 것이다. 여기서는 가장 대표적인 것들에 대해 언급한 것에 지나지 않지만, 중국철학 속에서 차지하는 역학(易學)의 중요성은 이미 충분히 이해되었을 것이다.

5
역과 중국인의 사고방식

1. 대립과 종합

대립하면서도 서로 끌어당기는 관계 - 대대(對待)

역이라고 하면 먼저 떠오르는 것은 저 불가사의한 8괘의 모습이다. 그 8괘는 음과 양이라는 두 가지 부호의 조합으로 이루어져 있다. 음양이라는 명칭은 후대에 생겼다고 하더라도, 본래부터 서로 반대되는 두 개의 부호(-, --)가 근본이 된다는 것에는 변함이 없다. 역에 있어서 이 서로 반대되는 두 가지의 대립이라는 것이야말로 가장 기본적인 구성원리이다. 역의 사상을 살펴보려고 하는 이 장에서 먼저 설명해야 할 것이 바로 이 '두 개의 대립'이다.

'두 개의 대립'이라는 것은 사실 '대립'이라는 단어만으로 표현되는 것과는 조금 다르다. 이 두 개는 분명히 반대의 관계에 있지만, 서로 배척하고 용납할 수 없는 모순된 관계가 아니라 서로 끌어당기는 관계, 서로 상대가 존재함으로써 자기가 존재할 수 있다는 관계이다. "바둑의 맞수는 미워도 밉지 않다"는 속담이 있지만, 반대이면서도 서로 끌어당긴다는 관계는 우리 주변의 현실에도 있다. 이른바 대립이라는 관계는 논리적으로 말해서 양자의 존재를 필요조건으로 하는 것이다. 상대가 있어야 비로소 대립이 생긴다.

역에서의 '두 개의 대립'이라는 것은 이 점에 중점이 놓여 있다. 이러한 관계를 중국의 용어로는 '대대(對待)'[1]라 한다. 서로 대립하면서도 상대의 존재에 의해 공존하는 관계이다. 서로 대립하면서 서로 기대는

---

1) 對待思想에 대해서는 大濱 皓, 『中國的思惟の傳統: 對立と統一の論理』가 있다. 이 절에서는 이를 참고한 부분이 많다. -지은이

것이다. 거기에는 상호대립과 동시에 상호의존이 있다.

남녀의 관계로서

역의 — 와 -- 의 부호가 단순한 반대가 아니라 대대관계(對待關係)를 나타낸다고 하는 것은 이들 부호가 음양(陰陽) 외에도 강유(剛柔)나 남녀(男女) 같은 개념으로 설명되고 있는 것에서도 명백하다. 강(剛)과 유(柔), 남(男)과 여(女)라는 관계는 서로 반대되는 존재로서 서로 용납하지 않는 면도 있지만, 또한 서로 보완해주는 것으로서 어느 한쪽도 없어서는 안 되는 것이다. 흥미로운 것은 6효의 관계에 대한 '응(應)'이라거나 '비(比)'라는 표준이다.[2] '응(應)'이라는 것은 6효의 안괘[內卦]와 바깥괘[外卦]의 대응관계를 가리키는데, 서로 마주보는[對] 위치(初와 四, 二와 五, 三과 上)에 강효[陽爻]와 유효[陰爻]가 오는 것을 길(吉)하다고 보고, 그 위치에 강(剛)과 강(剛), 유(柔)와 유(柔)가 오는 것은 좋지 않다고 판단하는 것이다. 또 '비(比)'라는 것은 서로 이웃하는 위치에 강(剛)과 유(柔)가 나란히 있는 것을 가까움[比(親)]의 관계라고 보는 것이다. 여기에는 강(剛)과 유(柔)는 서로 반대되는 것이므로 대응하는 것이 좋다는 사고가 있다. 비속한 말로 한다면, 이성(異性)이기 때문에 서로 끌어당긴다는 것이다. 이는 남녀의 관계로 비유해서 생각해도 좋을 것이다.

이 '응(應)'의 형태가 가장 잘 나타나는 예로서 함(咸)괘, ䷞ 가 있다.

---

2) '應'과 '比'에 대해서는 제1장 제3절 설명을 참조. — 지은이

유(柔)와 강(剛)이 대응하기 때문에 이것은 물론 길하다. 그리고 특히 시집가고 장가가는 데 길하다고 여겨지고 있다. 그리고 「단전」의 설명에서는 "함(咸)이란 감응하는 것이다. 유(柔)가 위에 있고 강(剛)이 아래에 있어, 강(剛)과 유(柔)의 두 기(氣)가 감응해서 서로 섞인다"3)고 설명하고 있다. 음양(陰陽), 강유(剛柔)는 서로 감응한다. 그리고 그럼으로써 세계는 조화를 이루게 된다. "하늘과 땅이 서로 감응해서 만물은 변화하고 생겨나며, 성인은 사람들의 마음과 감응해서 천하가 화평해진다"4)고 함(咸)괘의 「단전」은 계속되고 있다. ―과 -- 의 부호가 각각 남녀의 성기(性器)의 상징으로부터 나왔다고 보는 설이 있다는 것은 이미 앞에서 소개했다. 그 학설이 과연 옳은지 어떤지에 대해서는 일단 차치하더라도, 두 개의 대립을 남녀로 비유하는 것은 일반적이었다. 「계사전」에서는 "하늘의 도[乾道]는 남성을 이루고, 땅의 도[坤道]는 여성을 이룬다"5)고 했다. 건(乾)은 양의 대표, 곤(坤)은 음의 대표로 일컬어지고 있는 것이다. 대립하면서도 서로 의존하는 관계는 역시 남녀의 관계로 생각해보면 가장 알기 쉽다. 전기의 플러스(+)와 마이너스(-)가 서로 끌어당기는 관계도 생각해보면 상당히 깊은 의미가 있다.

전체를 관통하는 대대관계(對待關係)

이 둘의 대대관계(對待關係)는 음효(陰爻)와 양효(陽爻)라는 두 개의 효 사이에서만 이루어지는 것이 아니라, 역의 전체를 관통하고 있다. 64

---

3) 『周易』, 「下經」, 咸. "彖曰, 咸, 感也. 柔上而剛下, 二氣感應以相與."
4) 『周易』, 「下經」, 咸. "天地感而萬物化生. 聖人感人心, 而天下和平."
5) 『周易』, 「繫辭上傳」. "乾道成男, 坤道成女."

괘 384효가 본래부터 음(陰)과 양(陽)의 두 개의 효가 조합되어 네 개가 되고, 네 개에 다시 두 개가 조합되어 여덟 개가 된다는 방식으로 모든 괘에는 똑같이 대대(對待)하는 두 개가 관통하고 있음을 생각하면, 그것은 당연하다고 할 수 있다. 그러나 그뿐이 아니다. 그 연장이라고도 볼 수 있는데, 역의 전체가 대대(對待)를 중시하고 있다는 것은 다양한 형태로 나타나고 있다.

앞에서 예로 든 함(咸)괘, ䷞ 에 관해서 보면, 그것이 '함(咸)'인 것은 6효의 각각이 '응(應)'의 형태인 것 외에 다른 의미도 있었다. 그것은 바로 안괘와 바깥괘의 관계이다. 아래의 안괘는 간(艮, ☶)이고 위의 바깥괘는 태(兌, ☱)로서, 괘의 형태가 완전히 반대이다. 그리고「설괘전」에 의하면, 그것은 각각 소남(少男)과 소녀(少女)에 해당한다.「단전」에서 "유(柔)가 위에 있고, 강(剛)이 아래에 있다"고 하는 것은 그런 의미였다. 그러므로 "두 기(氣)가 감응한다"는 것은 안괘와 바깥괘 사이에서도 해당되는 것이다.

8괘 사이에서의 이러한 대응관계는 조금만 주의해서 살펴보면 더욱 분명해진다. 건(乾, ☰)과 곤(坤, ☷)이 남자와 여자[男女], 아버지와 어머니[父母], 하늘과 땅[天地]에 해당한다는 것은 분명히 대대(對待)이다. 진(震, ☳)과 손(巽, ☴)이 천둥과 바람[雷風], 감(坎, ☵)과 리(離, ☲)가 물과 불[水火], 간(艮, ☶)과 태(兌, ☱)가 산과 연못[山澤]이라는 것은 약간 이해하기 어려운 점이 있을지도 모르지만, 이것 역시「설괘전」에서는 다음과 같이 말하고 있다.

물[水]과 불[火]이 서로 돕고, 천둥[雷]과 바람[風]이 서로 거스르지 않고, 산(山)과 연못[澤]이 그 기(氣)를 통한 다음에 비로소 변화가 일어날 수 있고,

만물이 완전해질 수 있다.6)

여기에는 서로 반대되는 괘가 상반되는 성질을 통하여 하나의 짝으로서 적극적인 역할을 하는 것이 나타나 있다.

이 관계는 8괘로부터 64괘로 확장되어도 적용된다. 「잡괘전」의 말을 보도록 하자.

> 건(乾, ☰)은 강함[剛]이고 곤(坤, ☷)은 부드러움[柔]이다. 비(比, ䷇)는 즐거움[樂]이고 사(師, ䷆)는 근심[憂]이다. 림(臨, ䷒)과 관(觀, ䷓)의 의미는 '주는 것'과 '찾는 것'이다. … 손(損, ䷨)과 익(益, ䷩)은 융성함[盛]과 쇠퇴함[衰]의 시작이다.7)

「잡괘전」은 이처럼 64괘에 관해서 두 개씩의 조합을 생각한 것이다. 그러한 의미를 붙인 근거가 무엇이냐는 문제는 잠시 접어두더라도, 서로 반대되는 두 개의 조합은 확실히 상반되는 괘를 고른 것으로, 결코 자의적인 것은 아니다. 괘의 모양이 반대되는 것끼리 한 개의 짝[一對]이 되고, 그 대대관계(對待關係)에 근거하여 의미도 정해진다. 여기에도 역시 대대(對待)의 사고방식이 관철되고 있다고 할 수 있다.

「잡괘전」의 기록이 어느 시대까지 거슬러 올라갈 수 있을까 하는 문제도 있지만, 이러한 조합의 사고는 본래 역의 순서에도 나타난다. 64괘의 순서가 무엇을 의미했는지는 확실하지 않지만, 상대되는 짝끼리 연

---

6) 『周易』, 「說卦傳」. "故水火相逮, 雷風不相悖, 山澤通氣, 然後能變化, 既成萬物也."
7) 『周易』, 「雜卦傳」. "乾剛坤柔. 比樂師憂. 臨觀之義. 或與或求. … 損益, 盛衰之始也."

쇄적으로 묶어놓은 것은 틀림없다. 건(乾) 다음에 곤(坤)이 오는 것처럼, 태(泰, ䷊) 다음에는 비(否, ䷋)가 오고, 손(損, ䷨) 다음에는 익(益, ䷩)이 나오는 식으로 계속된다. 반대되는 것에 의해 서로 결합된다는 사고는 여기에서도 더욱 분명하게 나타난다.

중국인들의 사상적 밑바탕

「계사전」에 "'세 사람이 길을 가면 한 사람을 잃고, 한 사람이 길을 가면 그 친구를 얻는다'는 것은 의향이 일치함을 말한 것이다"[8]라고 적혀 있다.

세 사람은 너무 많고, 한 사람은 부족하다. 두 사람이야말로 한 짝이라는 사고를 나타낸 것이다.

대대관(對待觀)은 아마도 하늘만 있고 땅이 없으면 자연계는 생성·변화하지 않고, 남자만 있고 여자가 없으면 인류의 생존은 계속되지 않는다고 하는 개별적이고 소박한 사고에서 출발했을 것이다. 처음부터 우주의 원리로서 추상화된 형태의 음양이원사상(陰陽二元思想)이 있었던 것은 아니다. 그러나 이 소박한 사고방식에서도 이미 중요한 사상적 경향이 엿보인다. 그것은 이 세계의 현상을 일면적으로만 보지 않고, 반드시 대립하는 양면에서 보려는 태도이다. 다시 말하면, 하나의 사물에는 반드시 양면이 있다는 것을 의식한 것이었다.

대대(對待)가 하나의 사물의 양면이라고 한다면, 그것은 당연히 하나

---

8) 『周易』, 「繫辭下傳」. "三人行則損一人, 一人行則得其友, 言致一也."

로 통합되어야 할 것이다. 그런 까닭에 그 대립은 어디까지나 서로 싸워서 상대를 배척하는 그러한 대립이 아니었다. 서양적인 이원론적 대립과는 다른 것이다. 그렇다고 해서 그러한 대립이 무시되어도 좋다는 것은 아니다. 세계의 사상(事象)이 모두 대립적인 양면을 가지고 있는 것은 엄연한 사실이기 때문이다. 오히려 그 대대관계를 바르게 인식해서 현상에 대처하는 것이 필요하다. 역은 바로 여기에 중점을 둔 것이다. 그리고 그러한 대대(對待)의 인식은 사실 역의 경우만이 아니다. 그것은 중국인들의 사고의 밑바탕을 지탱하는 중요한 관점이었다.

여기에서 곧바로 떠오르는 것이 노자의 사상이다.

현실의 상대성을 말하는 노자

유(有)와 무(無)는 서로 상대에 의해서 생기고, 어려움[難]과 쉬움[易]도 서로 상대에 의해서 성립하며, 긴 것[長]과 짧은 것[短]도 서로 상대에 의해서 나타나며, 높은[高] 것과 낮은[低] 것도 서로 상대에 의해서 경사(傾斜)가 생긴다.[9]

유무(有無), 난이(難易), 장단(長短), 고저(高低)라는 것이 모두 상대적이며, 따라서 그 어느 한쪽에만 집착해서 가치판단을 하는 것은 어리석은 일이라고 말한다. 사람들은 아름다운 것을 아름답다고 생각하지만, 그것은 사실 추한 것이다. 선(善)과 악(惡)의 관계도 마찬가지다. 선(善)과 아름다움[美]에 지나치게 집착하지만, 그것이 참으로 선이고 아름다

---

[9] 『老子』, 第二章 "有無相生, 難易相成, 長短相形, 高下相傾"

움인지에 대해 속인(俗人)들은 반성하는 입장을 갖지 못한다.

> 귀한 것은 천한 것을 근본으로 하며, 높은 것은 낮은 것을 기초로 하고 있다.10)

귀함[貴]과 천함[賤], 높음[高]과 낮음[低]의 관계는 각각 상반됨으로써 서로 떨어질 수 없는 관계이다. 귀함이 귀한 것이 되기 위해서는 천한 것이 필요하고, 높음이 높은 것이 되기 위해서는 낮은 것이 필요하다. 오히려 귀함에는 천함이, 천함에는 귀함이 내포되어 있는 식의 상호관계를 떠올려도 좋을 것이다.

노자의 주된 관심은 이러한 현실의 상대성을 분명히 함으로써 사람들을 절대의 '도(道)'의 입장으로 이끄는 데 있었다. 따라서 『노자』에는

> '唯'('예'라고 대답하는 것)와 '阿'('아'라고 긍정하는 것)라는 것의 차이는 어느 정도일까. 선과 악이라는 것도 그 차이는 어느 정도일까.11)

라는 식으로 대립을 해소하는 방향의 말들이 많다. 그리고 이 점을 특히 강조한 사람이 바로 장자(莊子)이다.

대립을 초월한 경지를 말하는 장자

장자의 '제물론(齊物論)' — 만물을 가지런히 한다는 논설 — 은 그의 사

---

10) 『老子』, 第三十九章. "貴以賤爲本. 高以下爲基."
11) 『老子』, 第二十章. "唯之與阿, 相去幾何. 善之與惡, 相去何若."

상의 핵심이라고 할 수 있는데, 현실의 사물의 대립을 모두 상대적인 것으로 보고, 그것을 뛰어넘은 절대적인 경지로 인도한다.

"저것은 이것으로부터 나오고, 이것 또한 저것에 의해서 나타내진다"고 말한다. 저것과 이것은 둘 다 상대적으로 생겨난다는 설명이다[方生之說]. 그러나 삶은 곧 죽음이며, 죽음은 곧 삶이다. … 옳음[是]이 있기 때문에 그름[非]이 있고, 그름이 있기 때문에 옳음이 있다. 그래서 성인은 이런 상대적 입장에 서지 않고 자연의 입장에서 비춰본다. 이것도 저것이고, 저것도 이것이다. … 저것과 이것이 대립하지 않는 절대의 경지, 그것을 도추(道樞)-도의 중심-라고 한다.12)

노자나 장자 모두 자신들이 지향하는 것은 다른 곳에 있었다고 할지라도, 현실의 대대관계(對待關係)에 호소하고 있다는 점에서는 역과 완전히 일치한다. 노자나 장자의 '도(道)' 사상은 차별과 대립이 심한 현실을 깊이 인식한 결과로 생겨났다고 말할 수 있다. 다만 현실을 절대적인 모순대립으로는 보지 않았던 것이다. 이러한 대대관계는 서로 상대에 의존하는 것인 만큼, 어떤 의미에서는 상대를 각각의 안에 포함하고 있는 것이라고도 할 수 있다. 앞에서 든 "귀한 것은 천한 것을 근본으로 삼는다"는 말이 이를 잘 나타내준다.

화(禍)는 복(福)이 붙어 있는 것이고, 복(福)은 화(禍)가 덮고 있는 것이다.13)

---

12) 『莊子』, 「齊物論」. "故曰. 彼出於是, 是亦因彼. 彼是方生之說也. 雖然方生方死, 方死方生. … 因是因非, 因非因是. 是以聖人不由而照之于天, 亦因是也, 是亦彼也, 彼亦是也. … 彼是莫得其偶, 謂之道樞."

여기서는 화 속에 복이 있고, 복 속에 또한 화가 있다. 그러한 형태로 화와 복은 대립하고 있는 것이다.

양(陽) 속에 음(陰)이 있고, 음(陰) 속에 양(陽)이 있다

이처럼 상반되면서도 서로 상대를 자기 안에 포함하는 관계는 물론 『역』에도 있다.

> 자벌레의 구부림은 펴기를 추구함이다.14)

자벌레가 몸을 구부리는 것은 몸을 펴기 위해서라고 말한다. 여기서는 구부리기와 펴기의 대립이 서로 떨어질 수 없는 관계로 생각되고 있다. 한 걸음 더 나아가면, 구부리기 속에 펴기가, 펴기 속에 구부리기가 있다는 것이 된다. 곤(坤)의 상륙(上六)의 효사에는 "용(龍)이 들에서 싸운다. 그 피는 검고 누렇다"15)는 말이 있는데, 「문언전」에서는 이를 이렇게 설명한다.

> 음이 (왕성해져서) 양과 비슷해질 정도가 되면, 반드시 (싸운다). 양이 없다고 의심을 받는다. 그래서 용(龍)이라 말했다.16)

---

13) 『老子』, 第五十八章. "禍兮福所倚, 福兮禍所伏."
14) 『周易』, 「繫辭下傳」. "尺蠖之屈, 以求信也."
15) 『周易』, 「上經」, 坤. "上六. 龍戰于野. 其血玄黃."
16) 『周易』, 「上經」, 坤. "陰疑於陽, 必戰. 爲其嫌於無陽也, 故稱龍焉."

곤(坤)은 음효(陰爻)만으로 되어 있다. 그것이 맨 위 꼭대기까지 가면 양효(陽爻)와 같은 세력을 갖게 된다. 그래서 양과 싸우게 되는 것이다. 양과 싸운 다음에는 음효(陰爻)만 있는 곤(坤)에도 역시 양의 성분이 있게 된다. 그것을 나타내기 위해서 건(乾)괘에서 사용되는 '용(龍)'자를 쓴 것이라고 한다. 순전히 음으로만 된 곤(坤)괘에도 양의 성질이 숨어 있는 것이다.

　　양괘(陽卦)에는 음(陰)이 많고 음괘(陰卦)에는 양(陽)이 많다.17)

이것은 8괘 중에서 건곤(乾坤)을 제외한 여섯 개의 괘에 대해 말한 것이다. 진(震 ☳), 감(坎 ☵), 간(艮 ☶)은 '양이 하나 음이 둘[一陽二陰]'인 괘로서, 즉 음이 많기 때문에 이를 양의 괘라 하고, 반대로 손(巽 ☴), 리(離 ☲), 태(兌 ☱)는 '음이 하나 양이 둘[一陰二陽]'로서, 즉 양이 많기 때문에 이를 음의 괘라 한다. 이유가 무엇인지는 확실하지 않지만, 「설괘전」에는 진(震)은 장남, 감(坎)은 차남, 간(艮)은 삼남에, 손(巽)은 장녀, 리(離)는 차녀, 태(兌)는 삼녀에 해당한다고 했다. 그렇다면 바로 "양(陽) 속에 음(陰)이 있고, 음(陰) 속에 양(陽)이 있다"는 것으로, 남성 속에도 여성적인 요소가 있고, 여성 속에도 남성적인 요소가 있다는 것이다. 이 관계는 뒤에서 설명할 변역(變易)의 사상을 보면 더욱 분명해질 것이다.

---

17) 『周易』, 「繫辭下傳」. "陽卦多陰, 陰卦多陽."

서양적 이원론과의 차이

이러한 대대(對待)의 관계는 서양적인 사고에 익숙한 사람들에게는 분명하게 이해되기 어려운 측면도 있을 것이다. 그것은 어디까지나 이원론임에는 틀림없지만, 서양적인 완전한 의미에서의 이원론은 아니다. 서양적인 대립이라는 것은 플러스 1, 2 … 로 더해져서 하늘까지 도달하는 방향과, 반대로 마이너스 1, 2 … 로 땅바닥에까지 진행하는 방향이라는 어떤 지향성을 갖는 대립이다. 이 둘은 0을 기점으로 해서 서로 섞일 수가 없다. 이 관계는 신과 악마의 관계에서 가장 상징적으로 나타난다. 혹은 영혼[靈]과 육체[肉]의 대립이라고 해도 좋을 것이다. 이 둘은 서로 용납될 수 없는 것으로 생각되고 있다. 중국인은 기독교적인 궁극의 일신(一神)을 갖지 않았다. 고대의 다양한 신들은 종교적인 최고의 일신(一神)으로까지 추앙받지 못하고, 현세적이고 세속적인 곳으로 끌어내려졌다. 그리고 최고신을 갖지 않았다는 것은 동시에 최고신에 대립되는 악마를 갖지 않았음을 의미하게 된다. 괴테의 『파우스트』에 보이는 메피스토펠레스의 유혹은 누구의 마음에도 일어날 수 있다. 그러나 그만큼 엄격하게 두 세계간의 대립으로 신과 악마의 존재를 보여주는 것은 중국에는 없다.

여기에서 알 수 있듯이, 중국에서는 대체로 모순관계에 관한 연구가 적은 편이다. '모순'이라는 말의 출전으로서 『한비자(韓非子)』의 설화가 있다. 방패[盾]와 창[矛]을 파는 남자가 "이 방패는 어떤 창에도 안 뚫린다"고 선전한다. 다음에는 또 창을 팔기 위해 "이 창은 어떤 것이든 뚫을 수 있다"고 선전한다. 어떤 사람이 앞에 있는 창으로 그 방패를 뚫으면 어떻게 되느냐고 묻자, 이 남자는 대답을 못했다고 한다. 한비자는 논리적인 모순의 존재를 그같은 비유를 통해 밝히려 했던 것이다. 이러한 모순충돌은 그 다음의 과정에서도 생각될 수 있다. 그러나 이야기는 여기서 끝난다. 이러한 논리는 통용되지 않는다는 뜻에서, 실용적으로 처리되어 거기에는 모순의 관계 자체를 깊이 밝혀내기 위한 사고는 없다.

선악에 대해서

중국사상에서 전통적으로 중시되어 온 것은 말할 필요 없이 도덕사상이다. 선과 악의 대립은 어떤 것일까? 한나라 시대에는 양을 선에 음을 악에 각각 배당한 사고방식도 있었기 때문에, 음양(陰陽)에도 심한 대립이 있었던 것이 아닐까 하고 의심할 수 있다. 그러나 실은 정반대이다. 선과 악의 관계도 대대(對待)라고까지 말할 수는 없지만, 결코 심한 대립은 없었다. 악마가 없다는 것은 이 경우에도 관련된다. 선도 악도 모두 이 지상(地上)의 것으로서, 지하(地下)의 지옥에까지 떨어지는 악은 없다. 선과 악은 어떤 의미에서는 서로 연결된다.

예를 들면, 맹자(孟子)의 '성선사상(性善思想)'은 본성에 갖추고 있는 선의 싹을 길러낸다는 수양설(修養說)과 관계가 있다. 그런데 악의 근거에 대해서는 아무런 설명도 없다. 흔히 수양을 게을리하면 감각적인 욕망에 이끌리게 되어, 거기서 악이 생기는 것으로 여겨진다. 선이 사라진 곳에서 악이 나온다는 사고방식으로, 말하자면 악은 선의 결여체(缺如體)인 것이다. 악의 편에서 적극적으로 선을 무너뜨린다고 하는 악마 같은 움직임은 생각되지 않는다. 맹자에 대항한 순자의 경우도 큰 차이는 없다. 순자에 있어서 본성은 자연의 있는 그대로이며, 따라서 후천적인 예(禮)의 수양 결과에 비해 가치적으로 열등하기 때문에 본성은 악하다고 말해진다. "선(善)이라는 것은 정의, 이치를 닦는 것, 공평한 것, 다스려져서 안정된 것이고, 악(惡)이라는 것은 치우치고 기울어진 것[不正], 어그러지고 어지러운 것[不治]이다"[18]고 정의되어 대립관념을 나타냈다는 것은 물론 분명하지만, 이러한 정의 자체도 현실사회의 상황에 대한 구체적인 설명이었다. 선과 악은 연결되어 있다고 해도 좋을 것이다.

허실론(虛實論)

여기서 '허실론'을 살펴볼 필요가 있다. '음양설'과 마찬가지로, '허실론'도 중국인들이 즐겨 사용한 이원적인 설명법이다. 허(虛)라는 것은 텅 빈 것, 없는 것[無], 미묘하고 알기 어려운 것을 뜻하고, 실(實)이란 충실하고 충만해 있는 것, 있는 것[有], 구체적인 것을 뜻한다. 물론 이 둘은 반대개념의 관계이다. 그러나 음양의 경우처럼 이것 역시 서로 끌어당기고 도와주는 관계를 가지고 있다. 허(虛)는 허(虛)만으로는 존재할 수 없고, 실(實) 또한 실(實)만으로는 존재할 수 없다. 양자는 서로 관계를 맺으며 존재한다.

그림에 관한 이론[畵論]에서 이를 살펴보자. 청나라의 운남전(惲南田)은 다음과 같이 말했다.

---

18) 『荀子』, 性惡篇. "所謂善者, 正理平治也. 所謂惡者, 偏險悖亂也."

요즈음 사람들은 필묵(筆墨)을 사용하는 것만 고심하지만, 옛 사람들은 필묵을 사용하지 않는 것을 고심했다. 이 뜻을 잘 알게 되면 모든 일이 분명해져서 그림의 기술도 진전될 것이다. [「甌香館畵跋」]

중국화는 여백을 중시한다. 거기에 적극적인 의미를 부여하는 것이다. 서양화처럼 색채에 의해 그림을 나타내고, 그것으로 화면을 메우는 것과는 다르다. 필묵을 사용하지 않은 빈 여백, 그것이 바로 '허(虛)'이다. 그것은 필묵을 사용해서 선(線)이 되고 색(色)이 된 '실(實)'과 대응해서 그 의미를 발휘한다. 허(虛)와 실(實)은 각각 서로 대립하면서도 도와주어 그림[繪畵]이 돋보이도록 하는 것이다.

명나라 말의 석도(石濤)는 다음과 같이 말했다.

옛 사람의 그림은 허(虛)와 실(實)이 조화를 이루고, 내용과 형식의 움직임을 일치시키고 있다. 그림을 그리는 방법[畵法]의 변화도 완비되어 조금의 결점도 없다. [「苦瓜和尙畵語錄」]

운남전(惲南田)은 또 다음과 같이 말했다.

옛 사람이 붓을 사용한 경우에는 빽빽하게 그려넣은 그림에도 허령(虛靈)한 맛이 있는데, 요즈음 사람들은 조금만 그려도 번거롭기만 하다. 허(虛)가 실(實) 속에 있다면 그림[繪]의 전체는 모두 신비하고 오묘한 맛을 얻게 될 것이다. [「甌香館畵跋」]

허(虛)가 허(虛)이기 때문에 실(實)의 움직임을 만들어내듯이, 실(實) 역시 허(虛)의 움직임을 내포함으로써 그림의 전체가 돋보이게 한다. 허

(虛) 속에 이미 실(實)이 있으며, 실(實) 속에 허(虛)가 있는 것이다. 동기창(董其昌)의 경우에 허실(虛實)의 의미는 조금 변하지만, 양자의 대대관계는 변함이 없다.

허실(虛實)이란 각 단계에서의 붓을 사용하는 방법의 상세함과 간략함[詳略]을 말한다. 상세하고 세밀한 곳이 있으면, 또한 반드시 조악하고 생략된 곳도 있도록 허(虛)와 실(實)을 번갈아 사용해야 한다. [「畵禪室隨筆」]

허실(虛實)의 대대관계(對待關係)에 대해서는 서예에 관한 이론[書論]이나 시문(詩文)에 대한 평론에도 보인다. 그것은 중국의 예술론 전반에 걸쳐 중요한 개념이었다.

대구(對句)의 기법

시문(詩文)에 보이는 대구(對句)나 대우(對偶)의 표현도 역시 대대(對待)와 관계가 있다. 중국 시문의 아름다움은 이 기법을 무시하고는 말할 수 없을 정도로 그것은 보편적이고 또 중요했다. 『논어』에서는 '문(文)'과 '질(質)'이라는 반대개념을 제시한 다음, 이 양자가 조화를 이룬 상태에서 이상적인 군자(君子)의 상을 발견하고 있다.

질박함이 꾸밈보다 강하면 야인(野人)이 되고, 꾸밈이 질박함보다 강하면 사관(史官)이 된다. 꾸밈과 질박함이 조화를 잘 이룬 다음에야 비로소 군자가 된다.[19]

이 '꾸밈[文]'과 '질박함[質]'도 대대(對待)의 관계이지만, 그 문장의 표현방법[句法]도 또한 대우관계(對偶關係)에 있다. 첫번째 구절과 두번째 구절이 대(對)를 이룬 다음, 그것을 바탕으로 세번째 구절 이하에서 완성된다.

質勝文則野, 文勝質則史 ⇒ 文質彬彬, 然後君子

대구(對句)의 기법은 당나라 때의 근체시(近體詩)에서 가장 발전된 형태를 보인다. 두보(杜甫)의 시「절구(絶句)」의 첫번째 연[20]

兩個黃鸝鳴翠柳 (두 마리의 꾀꼬리는 푸른 버드나무에서 울고)
一行白鷺上靑天 (한 무리의 백로는 푸른 하늘로 올라가네)

과 유명한 율시(律詩)「춘망(春望)」의 두번째 연과 세번째 연

感時花濺淚 (계절을 느끼는 꽃은 눈물을 흘리고)
恨別鳥驚心 (이별을 슬퍼하는 새는 마음을 움직인다.)
烽火連三月 (봉화는 3월까지 이어지고)
家書抵萬金 (책은 만금과 맞먹는다.)

도 대구(對句)의 형태를 띠고 있다. 서로 이웃해 있는 문자를 비교해보면, 그 대우(對偶)의 의미는 더욱 분명해질 것이다. 여기에는 물론 반대라거나 대립이라는 관계는 없다. 그러므로 대대(對待)와는 다르다. 그러

---

19)『論語』, 雍也. "質勝文則野, 文勝質則史, 文質彬彬, 然後君子."
20) '聯'은 한시에서 제1구와 제2구를 합쳐서 일컫는 용어이다.

나 두 개를 하나의 짝으로 종합해서 표현하는 것, 바꿔 말하면 하나의 종합을 둘로 표현하는 것, 바로 거기에 대대(對待)의 인식과 공통되는 측면이 있을 것이다.

현실을 중시하는 중국인

그렇다면 역으로 대표되는 대대관(對待觀)이 중국인들의 사고방식의 주류를 이루고 있는 이유는 무엇일까? 그 이유 중의 하나는 중국인의 사고방식이 현실존재와 강하게 연결되어 있기 때문이라고 생각된다. 중국인은 이 현실을 확실한 실재의 세계로 생각한다. 현실을 거짓된 허망(虛妄)으로 간주하고 별도로 실재를 찾으려는 사고는 불교의 영향에 의해 생겼는데, 이런 생각은 중국 전체를 기준으로 한다면 극히 미약한 것이었다. 절대적인 모순대립이라는 것은 추상된 논리적 세계에서만 존재한다. 실천적인 입장에서 이 현실세계를 생각하면, 세계의 대립은 바로 대대(對待)라고 볼 수밖에 없을 것이다.

그러므로 대대관(對待觀)은 실천적인 입장에서 생각된 것이지, 우주론적인 사고에 의해 추상적으로 생겨난 것은 아니다. 현실존재를 향해서 실천적으로 대응한 사고에 의해, 모든 것에는 반드시 양면이 있다는 논리가 발견되었던 것이다. 『역전(易傳)』을 지은 정이천은 다음과 같이 말했다.

천지간의 모든 것에는 대(對)가 있다. 음이 있으면 양이 있고, 선이 있으면 악이 있다. 선으로 가득 찼던 성인이면서 천자였던[聖天子] 요 임금[堯]

의 시대에도 역시 악인은 살고 있었던 것이다. [『二程全書』]

또한 그의 형인 정명도도 이렇게 말했다.

만물에는 모두 대(對)가 있다. 음과 양, 선과 악처럼. 양이 커지면 음은 줄어들고, 선이 늘어나면 악은 적어진다. … 사람은 이것을 인식하지 않으면 안 된다. [『二程全書』]

이미 어떤 것이 엄연한 사실이 된 후에 현실에 대처하는 인간은, 명도가 말했듯이 그 양면을 바르게 인식하지 않으면 안 된다. 그리고 그것을 종합하는 입장에 설 필요가 있다. 그것이 바로 대대관(對待觀)에 기초하는 실천론이다.

역의 종합은 중(中)의 입장에서

군자는 편안[安]해도 위태로움[危]을 잊지 않고, 살아 있어도[存] 죽음[亡]을 잊지 않으며, 다스려져도[治] 어지러움[亂]을 잊지 않는다. 그럼으로써 몸은 편안하고 국가도 유지될 수 있다. [「繫辭上傳」][21]

본래 역은 과거[往]를 분명히 밝혀서 미래[來]를 살피는 것이다. [「繫辭下傳」][22]

---

21) 『周易』, 「繫辭下傳」. 본문의 「繫辭上傳」은 「繫辭下傳」의 잘못이다. "君子安而不忘危, 存而不忘亡, 治而不忘亂, 是以身安而國家可保也."
22) 『周易』, 「繫辭下傳」. "夫易彰往而察來"

군자는 미미한 것[微]도 알고 분명한 것[彰]도 알며, 부드러운 것[柔]도 알고 강한 것[剛]도 안다. [同上]23)

『손자』의 병법에서 "남을 알고 자기를 알면 백 번 싸워도 위태롭지 않다(知彼知己 百戰不怠)"고 말한 것과, 『노자』가 "그 웅[雄(남성적 입장)]을 분별해서 그 자[雌(여성적 입장)]를 지키고, … 그 흰 것을 분별해서 그 검은 것을 지키고, … 영광을 분별해서 굴욕을 지킨다"24)라고 말한 것도 마찬가지다. 대대(對待)에 대한 인식이 보편적인 것으로 됨에 따라, 그에 따르는 처세태도도 나타나게 되었다. 다만 노자의 경우는 '강유(剛柔)의 대대(對待)'를 잘 알고 있으면서도 일부러 부드러움[柔]의 입장에 서서 강함[剛]을 포함시키려 했지만, 역의 종합은 중(中)의 입장에 서려고 하는 것이었다.

역의 경우에도 충만함을 두려워하고 지나치게 강함을 경계하는 사고가 있다. 그 중에서도 노자의 부드럽고 약하고 겸손하고 아래에 처한다[柔弱謙下]는 입장과 비슷한 것이 겸(謙)괘의 「단전」이다.

하늘의 도리[天道]는 가득 찬 것[盈]을 덜어내고 모자란 것[謙]을 더해준다. … 사람의 도리[人道]는 가득 찬 것을 미워하고 겸손한 것을 좋아한다. 겸(謙)은 높고 빛나며, 낮은 곳에 있어도 넘을 수 없다. 이것이 군자의 마침이다.25)

---

23) 『周易』, 「繫辭下傳」. "君子知微知彰, 知柔知剛."
24) 『老子』, 第二十八章. "知其雄, 守其雌, … 知其白, 守其黑, … 知其榮, 守其辱."
25) 『周易』, 「上經」, 謙. "天道虧盈而益謙. … 人道惡盈而好謙. 謙尊而光, 卑而不可踰. 君子之終也."

건(乾)괘의 상구(上九)에 "항룡(亢龍)에게는 후회가 있다"고 한 것도 바로 이런 의미를 나타낸다. 그런데 본래 역에서는 '중(中)'을 존중한다. 「단전」과 「상전」이 중정(中正)을 중시한다는 것은 앞에서도 언급했다. 중(中)을 말하는 것이 「단전」에는 35괘, 「상전」에는 38괘에 이른다. 그리고 앞의 건(乾)의 상구(上九)를 해설한 「문언전」은 다음과 같이 말한다.

'항룡(亢龍)'에서의 '항(亢)'의 의미는 나아갈 줄만 알고 물러설 줄 모르며, 삶만 알고 죽음을 모르며, 얻는 것만 알고 잃는 것을 모름을 뜻한다. 오직 성인뿐이다. 진퇴존망의 대(對)를 분별해서 그 올바른 대응을 잘못되지 않게 할 수 있는 사람은 오직 성인뿐이다.26)

이것은 한쪽으로 치우치는 것을 경계하는 말이다.

"중용(中庸)의 덕, 그 지극함이여"라고 중용을 찬탄하는 것은 『논어』에 있는 말이다. "부드럽지도 않고 강하지도 않아야 정치를 행하는 것이 잘된다"는 것은 『시경』(商頌, 長發)에 나오는 구절이다. 사서에 『중용』이 들어 있다는 것은 새삼 말할 필요도 없다. 중용사상 역시 중국인들의 사고방식으로서 중요한데, 이것도 대대관(對待觀)과 깊은 관계에 있다는 것은 쉽게 알 수 있다. 중(中)이라는 관념은 본래부터 대립하는 양쪽을 의식하는 사고에서 생겨난 것이다.

---

26) 『周易』, 「上經」, 乾. "亢之爲言也, 知進而不知退, 知存而不知亡, 知得而不知喪. 其唯聖人乎. 知進退存亡而不失其正者, 其唯聖人乎."

대대관(對待觀)의 한계와 그 장점

대대관 또는 중용사상은 평화적인 특성을 가지고 있지만, 애매하고 철저하지 못하다는 느낌을 피할 수 없다. 그것은 현실의 존재를 있는 그대로 인정한 다음에 대립의 조화를 시도하는 것이라고 생각할 수도 있다. 서양적인 이원론이 격심한 투쟁성을 가지고, 그 투쟁 속으로부터 새로운 진전을 만들어내는 것과는 차이가 있다. 대대관은 논리적으로 추상된 형태로 사고하지 않고 현실존재와 밀착된 형태로, 더구나 실천적인 입장에서 사고하는 태도와 관계가 있다. 일단 대립을 생각하면서도 그 대립을 깊이 파고들어 사고하려 하지 않는다는 점이 바로 대대사상(對待思想)이 갖는 한계라고 할 수 있다. 그러나 이 사상은 또한 그 나름의 장점을 가지고 있다는 사실에 대해서도 주의할 필요가 있다.

대대관(對待觀)의 장점, 그것은 역시 현실문제를 현실적으로 처리하는 데서 그 유효성이 가장 잘 발휘된다. 모든 사태에는 대립하는 양면이 있게 마련인데, 대립이 아무리 심할지라도 반드시 종합될 수 있다고 생각될 때 문제해결의 태도는 더욱 확고해질 것이다. 이것은 물론 현실적이고 낙천적인 심리에 의지할 때 가능하다. 대대관은 또한 기본적으로는 대립자[對者]의 평등성이나 상대주의와 관련된다. 중국사상의 전통은 이 대대관을 반드시 그 순수한 형태로만 전개시키지는 않았다. 양을 중시하고 음을 천하게 여기는 사고나 절대주의로의 다리 역할을 하는 '태극(太極)'—음양의 근원으로서의 일원(一元)에 가까운 관념—은 이미 「계사전」에도 보인다. 대대(對待) 자체에도 이미 종합을 포함하는 것으로서 하나의 근원[一元]으로의 지향성이 있다. 그러나 음과 양의 대립은 본질적으로 평등하며, 그 대립은 끝까지 해소되지 않는다. 중국사상에서 대대관이 보편적이었다고 하는 것은 그만큼 상대주의적인 사고방식이 강했다는 뜻이기도 하다.27) 중국의 절대주의가 정치적으로나 철학적으로 서양의 그것과 다르게 보이는 것은 여기에도 이유가 있을 것이다.

모택동사상에 대한 영향

마지막으로, 대대관(對待觀)의 투영으로 여겨지는 것은 현대의 모택동의 사상에도 있다. 모택동의 사상은 물론 마르크스·레닌에게 배운 것이지만, 현실적인 사상가인 만큼 거기에는 전통사상의 그림자가 드리워져 있다고 해도 조금도 이상할 것이 없다. 그의 『모순론(矛盾論)』에서는 교조주의자들이 종종 사물의 일면적인 관찰에 빠지는 것을 경계해서 "프롤레타리아 계급만 알고 부르주아 계급에 대해서는 모른다. 농민만 알고 지주에 대해서는 모른다"고 비난한다. 그렇게 되면 모순을 해결할 수 있는 방법도 찾을 수 없고 혁명의 임무도 달성할 수 없다고 말한다. 모택동은 또『손자』의 '지피지기(知彼知己)'의 구절을 인용하면서, 당나라의 재상 위징(魏徵)의 "널리 들으면 밝아지고 좁게 믿으면 어두워진다"는 말을 인용하고 있는데, 거기에는 전통적인 입장이 살아 있다고 해도 좋을 것이다. 또한 그는 특수모순의 존재양식으로서 주요한 모순과 그렇지 않은 부차적이고 종속적인 모순이 함께 뒤섞여서 복잡한 양상을 띤다고 말하고 있다. 여기에는 '음(陰) 속에 양(陽)이 있고 양(陽) 속에 음(陰)이 있다'고 하는 음양의 복잡한 존재양식의 영향이 엿보인다고 말

---

27) 易에 의해 상대주의적 세계관을 말한 사상가로는 북송의 張載(1020-1077)와 청초의 王夫之(1619-1692) 등이 있다.―지은이

할 수 있지 않을까.

그는 또 모순의 양 측면의 동일성과 투쟁성이라는 것을 말하는데, 그 동일성이라는 것은 대립 사이의 상호의존성과 상호전화(相互轉化)의 관계를 의미한다. 그리고 그 관계를 '상반상성(相反相成)'이라는 말로 표현한다.

> 우리 중국인들은 언제나 '상반상성(相反相成)'이라고 말한다. 이것은 상반하는 것에는 동일성이 있다는 의미이다. 이 말은 형이상학과는 반대되는 변증법적인 것이다. '상반'이라는 것은 모순의 양 측면의 상호배척 혹은 상호투쟁이며, '상성'이라는 것은 일정한 조건하에서 모순의 양 측면이 서로 연결되어 동일성을 획득하는 것이다. 그러므로 투쟁성은 동일성 안에 기생하고 있어, 투쟁성이 없으면 동일성도 없는 것이다.

『한서(漢書)』에 출전을 둔 이 '상반상성(相反相成)'의 의미는 원전에 비하면 미묘한 변화를 느낄 수 있다. 그러나 그 대립들 사이의 상호의존성이라는 것을 앞에서 본 대대관(對待觀)과 비교할 때, 우리는 그 유사성을 지적하지 않을 수 없다. 그러므로 대대관은 오늘날까지도 그 유효성을 보여주고 있다고 할 수 있다.

2. 변역(變易)과 순환(循環)

만물의 생성과 역의 변화

역이라는 명칭의 의미로서 변역(變易)·불역(不易)·간이(簡易)의 세

가지 의미가 있다는 것은 앞에서 언급했다. 그 중에서도 변역(變易)과 불역(不易)의 의미가 중요하다. 그리고 이미 살펴본 대대관(對待觀)은 거기에 변역(變易)이라는 시간관념이 내포됨으로써 더욱 특색 있는 사상이 된다. 역의 대대(對待)는 정적인 것은 아니라 끊임없이 변하고 움직이는 것이다.

역의 도(道)는 자주 변한다. 변동해서 멈추지 않고, 6효의 위치를 번갈아 바꾸어 올라갔다 내려갔다 하여 일정하지 않고, 강함과 부드러움이 서로 바뀐다. 어디에도 표준이라는 것은 없고, 다만 변화를 그대로 따를 뿐이다.[28]

하늘에서는 상(象)을 이루고, 땅에서는 형(形)을 이루어, 거기에서 변화가 나타난다.[29]

강함과 부드러움이 서로 추이(推移)해서 변화가 생긴다.[30]

효(爻)는 변화를 나타내는 것이다.[31]

'변화'·'변동'이라는 말은 「계사전」에 특히 많이 나오는데, 물론 그것은 역의 '경문(經文)'과 관계가 있다. "효는 변화를 나타내는 것이다"라는 것은 경문에서 6효의 순서가 '아래로부터 위로' 움직인다는 사고와 부합된다. 예를 들면, 건(乾)괘의 초구(初九)에서는 '잠룡(潛龍)'이라고

---

[28] 『周易』, 「繫辭下傳」. "爲道也屢遷. 變動不居, 周流六虛, 上下無常, 剛柔相易. 不可爲典要, 唯變所適."
[29] 『周易』, 「繫辭上傳」. "在天成象, 在地成形, 變化見矣."
[30] 『周易』, 「繫辭上傳」. "剛柔相推而生變化."
[31] 『周易』, 「繫辭上傳」. "爻者, 言乎變者也."

하고 상구(上九)에서는 '항룡(亢龍)'이라고 하는 것 등은 변동의 순서를 확실히 보여주고 있다. 또한 64괘의 각각의 괘에 대해서도 왕필이나 정이천이 분명하게 설명한 바와 같이, 그것을 '때[時]'로 보는 사고는 이미 괘사에도 나타나고 있다. 그러므로 64괘에 대해서도 때[時]에 따라서 변동한다는 사고가 있었다고 볼 수도 있다. 이 변화는 자연계의 생성·변화에서 유추된 것이다. 역이 천지자연을 모범으로 하고 있다는 것은 뒤에서 상세히 언급하겠지만, 역의 변화와 만물의 생성이 서로 연계된다고 말하는 것은 바로 그 때문이었다.

천지의 큰 덕[大德]을 낳는 것[生]이라 한다.32)

넉넉하게 갖추고 있는 것을 큰 사업이라 하고, 날마다 새로워지는 것을 왕성한 덕(德)이라 하며, 낳고 낳는 것을 역이라 한다.33)

본래 乾(陽)은 고요할 때는 모이고[專], 움직일 때는 펴진다[直]. 그러므로 크게[大] 만물을 만들어낸다. 본래 坤(陰)은 고요할 때는 닫혀 있고[翕], 움직일 때는 열린다[闢]. 그러므로 널리[廣] 만물을 만들어낸다.34)

만물의 생성이 멈추는 것은 세계의 파멸이다. 그러한 사태는 결코 일어날 수 없다. 따라서 역의 변화도 멈추지 않고 언제까지나 계속된다. 역을 만든 사람은 그렇게 생각하고 있다.

---

32) 『周易』, 「繫辭下傳」. "天地之大德曰生."
33) 『周易』, 「繫辭上傳」. "富有之謂大業, 日新之謂盛德, 生生之謂易."
34) 『周易』, 「繫辭上傳」. "夫乾其靜也專, 其動也直. 是以大生焉. 夫坤其靜也翕, 其動也闢. 是以廣生焉."

변혁(變革)의 사상

물론 역의 움직임도 난행(難行)할 때가 있다. 둔(屯)괘의 괘사는 "강함[剛]과 부드러움[柔]이 바뀌기 시작하여 어려움[難]이 생긴다"35)이다. 그러나 대립이 아무리 심할지라도 그것은 반드시 타개될 수 있다. 대대(對待)의 낙천주의는 여기서도 작용한다.

> 역은 궁하면 변화하고, 변화하면 통하고, 통하면 오래간다.36)

만물은 모두 지극한 상태[極點]에까지 도달하면 반드시 새로운 변화가 일어난다. 그리고 길[道]이 열려 통하게 된다. 통한다는 것은 왕래 즉 운동이 멈추지 않는 것이다. 운동이 멈추지 않으면 역은 언제까지나 영원히 계속될 것이다.

여기에서 변혁의 사상도 살펴보지 않으면 안 된다. 변역(變易)은 혁명의 의미까지도 내포하고 있다. 64괘 중에 혁(革)괘가 있는데, 그 「단전」에는

> 하늘과 땅이 바뀌어 사계절이 생긴다. 은나라 탕왕(湯王)과 주나라 무왕(武王)의 혁명은 하늘을 따르고 사람을 따른 것이다. 변혁[革]의 때[時]는 위대한 것이다.37)

---

35) 『周易』, 「上經」, 屯. "彖曰, 屯, 剛柔始交而難生."
36) 『周易』, 「繫辭下傳」. "易窮則變, 變則通, 通則久."
37) 『周易』, 「下經」, 革. "天地革而四時成. 湯武革命, 順乎天而應乎人. 革之時大矣哉."

라고 혁명을 찬미하고 있다. 「계사전」에서는 또한 이에 답하듯이 "역을 지은 자는 반드시 근심 걱정이 있었다"[38]라고 했고, 한편으로 그것은 은나라 말기에서 주나라 초기에 걸쳐 주나라의 문왕(文王)과 은나라의 주왕(紂王) 사이의 일에 관계된다고도 하여, 마치 『역』을 혁명의 책인 것처럼 설명하고 있다. 이러한 설명은 물론 지나친 감이 있지만, 역의 전체를 살펴볼 때 그러한 분위기가 없지는 않다.

이러한 분위기는 먼저 6효의 순서가 '아래로부터 위로' 올라간다는 것에서 이해할 수 있다. 건(乾)괘는 '잠룡(潛龍)'에서부터 '현룡(見龍)'으로 발전하고, 드디어 '비룡(飛龍)'을 지나 '항룡(亢龍)'에 이르러 끝난다. 또한 점(漸)괘는 큰 새가 '물가로 나온다'는 것에서 '바위로 나온다' '육지로 나온다' '나무에 오른다' '언덕에 오른다'로 올라가고 있다. 그리고 "항룡(亢龍)에게는 후회가 있다"의 예에서도 알 수 있듯이, 맨 꼭대기를 차지하고 있는 것은 좋지 않다는 생각이 있다. 여기에는 윗자리[上位]와 아래자리[下位]의 교체가 암시되고 있다고 해도 좋을 것이다.

또한 태(泰)괘, ䷊ 와 비(否)괘, ䷋ 의 대조도 흥미롭다. 이것들은 건(乾)과 곤(坤)의 조합에서 생겨난 괘들인데, 상식적으로 말하면 건(乾)의 하늘[天]이 위에 곤(坤)의 땅[地]이 아래에 있는 것이 평안하고 좋다고 해야 할 것이다. 그런데 역의 작자는 이를 반대로 한 것이다. 천지(天地)를 완전히 뒤바꾼 형태가 편안한 것[安泰]이며, 정지되어 변화가 없는 상태[常態]에 있는 것은 좋지 않다고 말한다.

「단전(彖傳)」과 대상(大象)에서는 태(泰)의 경우는 하늘과 땅이 교류하기 때문에 좋지만, 비(否)의 경우는 교류하지 않기 때문에 좋지 않다

---

38) 『周易』, 「繫辭下傳」. "作易者, 其有憂患乎."

고 설명한다. 땅은 아래로 내려가려 하고 하늘은 위로 올라가려 하기 때문이다. 어쨌든 이 설명은 하늘과 땅을 완전히 뒤바꾼 형태를 평안한 상태[安泰]라고 했는데, 여기에는 적어도 변혁(變革)을 좋게 생각하는 분위기가 있었다고 볼 수 있다.

순환(循環)으로서의 변화

역의 사상은 이와 같이 변화생성(變化生成)을 존중한다. 바꿔 말하면 이 세계를 '끝없이 변화하여 날마다 새로워지는 세계'로 보는 것이다. 『역』은 바로 '변역(變易)의 책'이었다. 다만, 이 변화는 무한(無限)으로 발전해가는 변화는 아니다. 그것은 순환이었다. 하늘과 땅[天地]의 항상됨을 말한 항(恒)괘의 「단전」은 "끝나면 다시 시작된다(終則有始也)"고 하여 순환을 설명하고 있다. 이와 같이 『역』에는 자연계의 존재방식에 의지하여 순환을 강조하는 내용이 매우 많이 나온다.

끝나고 다시 시작하는 것이 하늘의 운행이다. [고(蠱), 「단전」][39]

그 도(道)를 반복해서 7일 만에 다시 돌아오는 것이 하늘의 운행이다. [복(復), 「단전」][40]

해가 가면 달이 오고 달이 가면 해가 온다. 해와 달이 서로 추이(推移)해

---

[39] "終則有始, 天行也."
[40] "反復其道, 七日來復, 天行也."

서 밝음이 생긴다. 추위가 가면 더위가 오고 더위가 가면 추위가 온다. 추위와 더위가 서로 추이(推移)해서 1년이 이루어진다. [「繫辭下傳」][41]

물론 음양도 역시 하늘의 운행에 따라서 순환하는 것이다. 복(復)괘, ䷗에서 "7일 만에 다시 돌아온다(七日來復)"라고 말한 것은 모두 음효(陰爻)로만 된 곤(坤)괘, ䷁로부터 다시 하나의 양이 아래에서 조짐을 나타내는 순환을 나타낸 것이다. 한나라 시대의 십이소식괘(十二消息卦)는 그 관계를 가장 확실하게 보여주고 있다.[42] 복(復)괘를 11월에 배당하고, 이로부터 림(臨)괘 12월, 태(泰)괘 1월 … 순으로 아래에서 양이 하나씩 더해져서 4월의 건(乾)괘 다음부터는 다시 아래로부터 음이 올라오게 되어 순환하고 있다.

> 변화라는 것은 진퇴의 모습이다.[43]

라고 「계사전」에서 분명하게 말하고 있다. 또한

> 한 번 닫히고 한 번 열리는 것, 이를 변화라고 한다.[44]

라고도 말한다. '진퇴' 또는 '한 번 닫히고 한 번 열리는 것[一闔一闢]'은 물론 반복하는 상태를 나타낸다.

---

41) "日往則月來, 月往則日來, 日月相推而明生焉. 寒往則暑來, 暑往則寒來, 寒暑相推而歲成焉."
42) 十二消息卦에 대해서는 제4장 제1절 참조. — 지은이
43) 『周易』, 「繫辭上傳」. "變化者, 進退之常也."
44) 『周易』, 「繫辭上傳」. "一闔一闢, 謂之變."

역의 변화가 '순환으로서의 변화'라는 것은 앞의 대대(對待)사상과 함께 생각해보면 이해하기 쉽다. 대대(對待)는 대립하면서도 서로 끌어당기고 도와주는 관계였기 때문에, 거기에다 시간관념만 부여하면 당연히 'A로부터 B로, B로부터 A로'라는 상호반복이 성립될 것이다. 이 경우에 "음(陰) 속에 양(陽)이 있고, 양(陽) 속에 음(陰)이 있다"는 관점이 이를 더욱 조장하게 되는 것이다. 즉, 음이 양으로 양이 음으로 서로 순환하면서 변화하는 것은 순수한 음 속에도 이미 양의 성질[陽性]이 포함되어 있고, 순수한 양 속에도 음의 성질[陰性]이 포함되어 있기 때문이라고 보는 것이다. 현실의 존재를 생각해보더라도 분명히 양으로만 된 존재도 없고 음으로만 된 것도 없다. 이러한 실재관(實在觀)이 여기에도 침투되어 있는 것이다. 곤(坤)의 상륙(上六)에서 음양(陰陽)이 싸운다고 여겨지는 것은 음의 지극한 상태[極点]가 되어서, 그 내부에 이미 양이 나타날 조짐이 있기 때문이다. "하나의 양이 다시 돌아온다(一陽來復)"의 복(復)괘, ䷗ 가 곤(坤)괘, ䷁ 의 발전으로 취급되는 것은 곤(坤) 중에 이미 양의 성질[陽性]이 발달할 조짐이 나타났다고 보기 때문이다.

> 해는 중천에 오르면 다음에는 기울고, 달은 보름달이 되면 다음에는 줄어든다. 천지의 모든 가득 차고 비게 되는 것[盈虛]은 때[時]와 함께 약해지고 줄어든다. [풍(豊), 「단전」]45)

대대(對待)의 세계는 끊임없이 변화해서, 때[時]와 함께 언제까지나 순환운동을 반복함으로써 스스로를 완전하게 하고 있는 것이다.

---

45) "日中則昃, 月盈則食. 天地盈虛, 與時消息."

인간만사 새옹지마

이 변화와 순환의 세계에서 인간은 어떻게 처신해야 할까? 「계사전」은 말하기를

군자는 그릇(기량)을 몸에 간직하고, 때를 기다려 움직인다.[46]

라고 했다.

내 몸의 기량을 훌륭하게 닦으면서 때가 오기를 기다려 행동하라는 것이다. 「단전」은 때[時]의 중요성을 강조하고 있다. 물론 이 '때[時]'는 단순한 시간은 아니다. 구체적인 경우를 동반한 시간적 상황이다. 중국인들이 '때[時]'라고 말할 때는 언제나 '구체적인 존재의 장'과 연결되어 있다. 그렇기 때문에 '때[時]'는 실천적인 면에서는 큰 의미를 지닌다.

『노자』의 말에 "화는 복에 의지해 있고, 복은 화에 숨어 있다(禍兮福所倚, 福兮禍所伏.)"는 것이 있다. 이를 구체적으로 표현한 것이 '인간만사 새옹지마(人間萬事 塞翁之馬)'이다. 이 이야기는 『회남자(淮南子)』에 나온다. 새옹 즉 '변방에 사는 노인'의 인생의 지혜이다. 어느 날 자기 집에 있던 말 한 필이 변경 밖으로 달아나버리자, 노인은 화가 바뀌어 복이 될지도 모른다고 말했다. 얼마 후 노인의 말대로 그 말이 야생마 몇 마리를 데리고 돌아왔다. 사람들이 몰려와 축하의 말을 했다. 그러자 노인은 이것이 화가 될지도 모른다고 답했다. 과연 노인의 말대

---

46) 『周易』, 「繫辭下傳」. "君子藏器於身, 待時而動."

로 말타기를 좋아하게 된 아들이 말에서 떨어져 다리가 부러졌다. 사람들이 위로의 말을 건네자, 노인은 이것이 복이 될지도 모른다고 답했다. 얼마 후 전쟁이 일어났다. 국경 근처에 사는 젊은 사람들은 모두 나가서 전사했는데, 불구자인 자기 아들만은 살아남았다.

"화와 복은 수시로 바뀌는 것으로서 마치 꼬인 새끼줄과 같다―두 가닥을 한데 모아 새끼줄을 꼬는 것과 같다"라고도 말한다. 이것은 중국인들 사이에는 널리 알려진 인생의 지혜이다. 우스갯소리나 비웃을 성질의 것이 아니다. 거기에는 변화무쌍한 인생에 대한 강인한 생활력이 들어 있다. 그리고 그것이 변동과 순환이라는 역의 사상과도 관계가 있다는 것은 두말할 필요도 없다.

오행(五行)의 순환

중국인들의 세계관은 분명히 대대관과 연결되어 있고, 또 변동과 순환의 사고방식을 주류로 하고 있다. 공자는 냇물이 흘러가는 것을 보고

흘러가는 것은 이와 같도다. 낮과 밤이 없구나. [『論語』子罕篇][47]

라고 말했다. 일반적으로 이것은 시간의 추이에 따라 변화하는 현실을 상징적으로 말한 것이라고 해석된다. 맹자의 역사관은 더욱 적절하다. 맹자에게 세계의 역사는 "한 번은 잘 다스려지고 한 번은 어지러워지는

---

47) "逝者如斯. 不捨晝夜."

(一治一亂)" 역사였다. 다스려짐[治]과 어지러움[亂]이 끊임없이 반복된다는 것이다. "오백 년마다 왕도정치를 할 임금[王者]이 일어난다, 그리고 그 중간에는 뛰어난 현인이 나온다". 세계는 이렇게 주기적인 변화를 되풀이하는 것이다. '음양가(陰陽家)'라는 학파에서 생각하는 오덕종시설(五德終始說)도 바로 그것이다. 토(土)·목(木)·금(金)·화(火)·수(水)라는 오행의 덕(德)이 차례로 일어나는 왕조의 성격을 결정한다는 것인데, 여기서는 왕조의 변혁이라는 혁명의 사고방식과 아울러 오행의 순환이 생각되고 있다.

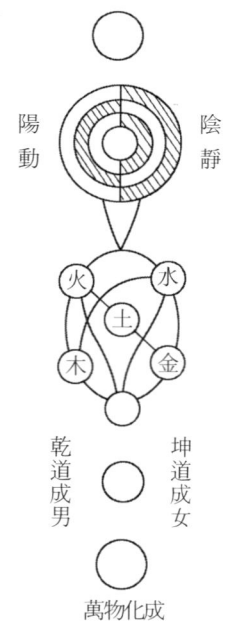

이제 조금 새로운 예를 들어보자. 송나라의 주자학에서 중시된 우주론은 '태극도(太極圖)'라는 것에 기초하고 있다. 제일 위에 있는 ○는

"무극(無極)이면서 태극(太極)"이라고 하는 우주의 본체이다. 그러나 그 것은 어디까지나 음양(陰陽)에 의해 구성되고, 음양을 떠난 초월적이고 절대적인 것은 없다는 것을 강조한다. 그 활동이 양(陽)이고, 움직임이 극에 달하면 고요해지는데 이것이 음(陰)이다. 이 움직임[動]과 고요함[靜]은 무한히 반복된다. 그리고 이 음양의 교류에서 오행이 생기고, 만물이 생성하는 것이다. 음양동정(陰陽動靜)의 대대순환(對待循環)이 영원히 반복되지 않으면, 만물의 생성은 멈춰버린다.

왕부지(王夫之)의 설

변역(變易)의 사상을 가장 강조한 사상가는 청나라 초기 17세기의 왕부지이다. 그는 "천지의 덕(德)은 바뀌지 않지만, 천지의 변화는 날마다 새롭다"고 말하고, 또 "오늘의 해와 달은 어제의 해와 달이 아니다"라고 말했다[『思問錄外篇』]. 변화하여 멈추지 않는 것이 세계의 본질이라고 말하면서 정적인 세계관에 반대한 그의 말은 날카롭다. 그리고 그 역시 순환사상 속에 있다. 그의 새로움은 대대(對待)하는 양자의 상호내재성을 강조한 점에 있을 것이다.

움직이고[動] 있을 때에 고요함[靜]이 있고, 고요할 때에 움직임이 있다. 고요함은 움직임을 포함하고, 움직임은 고요함을 버리지 않는다. 움직임이 극에 달하면 비로소 고요함이 되고, 고요함이 극에 달하면 비로소 움직임이 된다고 하는 것은 … 천박한 사고이다. [『思問錄外篇』]

대립하는 양면의 상호전환은 여기서 더욱 쉽게 이해될 것이다. 그리고 대대(對待)의 운동은 영원히 반복되는 것이다.

도(道)·태극(太極) — 변화 속의 변화하지 않는 것

변화를 곧 순환으로 보는 것은, 변화하는 현상을 통해서 변화하지 않는 일정한 법칙을 주시하는 태도이다. 자연계의 사계절의 순환은 역에서 즐겨 강조하는 자연현상인데, 봄 다음에 여름이 오고 여름이 지나면 가을이 오고 다시 겨울이 온다는 '반복되는 변화의 법칙' 자체만은 조금도 변화하지 않는다. 역을 변역(變易)임과 동시에 불역(不易)이라고 말하는 것은 이를 입증해준다. 이것은 대대(對待)에서의 양자의 종합과 서로 대응한다.

『역』의 「계사전」은 이 불역(不易)과 대대(對待)의 종합을 도(道) 또는 태극(太極)이라는 말로 표현하고 있다.

한 번 음이 되고 한 번 양이 되는 것을 도(道)라고 한다. [「繫辭上傳」][48]

역에는 태극이 있다. 거기에서 양의(兩儀, 陰陽)가 생기고, 양의(兩儀)로부터 사상(四象, 즉 少陰·少陽·老陰·老陽)이 생기고, 사상(四象)으로부터 팔괘(八卦)가 생긴다. [同上][49]

---

48) "一陰一陽之謂道"
49) "易有太極, 是生兩儀, 兩儀生四象, 四象生八卦."

"형이상(形而上)을 '도(道)'라 하고, 형이하(形而下)를 '기(器)'라고 한다"50)라는 유명한 말도 있다. 도(道)와 기(器)의 대립은 송대의 사변적인 우주론에서 깊이 연구된다. 또 태극(太極)이라는 개념도 우주의 본체로 정의된다. 여기서 '형이상(形而上)'이라는 것은 '구체적인 형태를 갖지 않는 것', '형태 이전[形以前]'이라는 의미이다. 불교의 영향을 받은 송대의 철학은 형이상학을 확립하는 방향으로 사색을 계속했다. 그래서 한 번 음이 되고 한 번 양이 되는 것[一陰一陽] 자체가 바로 도(道)가 아니고, 한 번 음이 되고 한 번 양이 되는 이유나 원인, 조건(음양하는 소이, 즉 음양의 근저에서 그것을 지탱하는 것)이 바로 도(道)라고 하여 기(器)로서의 음양(陰陽)과 구별하면서, 태극(太極)과 연결된 도(道)를 '이(理)'라고 했다.51) 그러나 이 하나의 근원[一]을 지향하는 형이상학은 결국 철저하게 완성되지 못했다. 현실존재에 밀착된 사고가 순수한 형이상학의 성립을 방해했고, 대대(對待)의 현실인식도 영향을 주었기 때문이다.

기독교적 일원론과의 차이

도(道)가 만물을 낳는다고 말하면서 그것을 '하나(一)'라고도 표현한 것은 노자이다. 거기에는 일원론적 우주생성론이 엿보인다. 일원론적 입장을 취하는 사상가들은 이 노자적인 도(道)와 역의 도(道), 그리고 태극

---

50) 『周易』, 「繫辭上傳」. "形而上者謂之道, 形而下者謂之器."
51) 주자학의 '理'에 반대한 伊藤仁齋와 荻生徂徠는 이 '所以'의 두 글자를 붙인 해석을 비난하고 공격했다.—지은이

(太極)의 사고방식을 배우는 것이 보통이었다. 그런데 앞에서 본 바와 같이 역의 경우는 말할 것도 없고 노자의 경우에도 대대(對待)의 사고방식이 강하다. 태극(太極)은 분명히 역의 이원론을 통일한 것이고, 또한 그 다음에 바로 '하늘[天]을 중심으로 하여 성인의 지위를 높이는 말'이 이어지는 것을 보면, 통일적인 분위기가 강하다. 그러나 그렇게 표현된 것은 「계사전」의 이 한 군데뿐이다. 역의 전체를 관통하는 것은 역시 대대관(對待觀)인 것이다. 따라서 역의 통일은 대대(對待)를 파괴하는 것이기보다는 오히려 대대관계로부터 생겨난 것이었다.

현실의 존재를 확실한 것으로서 인정하고 거기에서 벗어나지 않는 중국적 사고에서는 역시 대대관(對待觀)으로부터도 벗어날 수 없다. 그런 만큼 순수한 일원론은 생겨나기 어렵다. 기독교적인 일신(一神), 즉 이 세계를 창조한 유일의 신과 같은 존재는 중국에는 없다. 대대관(對待觀) 역시 이미 앞에서 언급했듯이 서양적인 이원론의 대립은 아니었다. 그것은 이원적이면서 실은 하나인 것의 양면으로서의 의미까지 가지고 있다. 둘이면서 하나[二而一], 하나이면서 둘[一而二]인 것이다. 대대(對待)는 대립하면서 종합되고, 변역(變易)은 움직임이면서 불역(不易)이었다.

3. 천인합일 사상

자연과 인간

인간을 둘러싸고 있는 바깥 세계의 자연을 어떻게 인식할 것인가, 그리고 인간과 자연의 관계를 어떻게 규정할 것인가 하는 문제는 인간의 사고유형을 살펴보는 데 중요한 관점이 된다.

와쯔지 테쯔로오(和辻哲郎)가 『풍토(風土)』라는 책에서 말하고 있듯이, 인간의 사고는 자연환경의 존재양식에 의해 규정되는 면도 매우 클 것이다. 예를 들면 황하의 흙탕물이나 홍수에 의해 상징적으로 말해지듯이, 중국의 풍토는 대단히 황량하고도 드넓어서, 그러한 자연 속에서 사람들은 단지 자연의 힘을 두려워하면서 그에 따라갈 뿐이라는 것이다. 그런 만큼 모든 일을 관대하게 받아들이고 참아내면서 전투적인 것을 숨기는 민족적 성격이 형성되었다는 식으로 말해진다. 이것은 사람의 뜻대로 되는 자연 속에서 합리적인 정신을 신장시켜 온 유럽의 경우와는 상당한 차이가 있다고 생각된다. 그러한 풍토적인 설명만으로는 충분하다고 할 수 없지만, 어쨌든 중국의 경우에는 인간과 자연의 관계를 합일적으로 보는 입장이 주류를 이루었다.

중국철학의 용어로는 이러한 인간과 자연의 합일을 '천인합일(天人合一)'이라고 한다. 이미 앞에서도 여러 차례 이 용어를 사용했듯이, 『역』은 물론 이것을 강조하는 책이었다. 과연 역에서는 어떻게 합일을 이루는가? 또한 인간이 합일해야 할 자연을 어떠한 것으로 보고 있는가?

먼저 역은 하늘과 땅[天地]의 자연을 모범으로 하여 만들어졌다고 말해진다. 역의 발생에 관한 사실 여부는 일단 차치하더라도, 『역』의 십익(十翼)에서는 이것을 거듭 강조하고 있다. 이런 입장은 성인(聖人)이 역을 만들었다는 데 중점을 두는 것과 관계가 있다. 사상적 측면에서 볼 때, 성인을 거론하는 데 중국적인 특색이 있듯이, 천지자연을 모범으로 한다고 말하는 데에도 흥미로운 특색이 있다.

하늘과 땅을 모델로

「계사전」은 먼저 다음과 같은 말로 시작된다.

하늘은 높고 땅은 낮아서, 건(乾)과 곤(坤)이 정해진다(天尊地卑. 乾坤定矣.)

건(乾)과 곤(坤)은 양과 음의 대표로서 일컬어진다고 볼 수도 있는데, 여기서는 하늘[天]과 땅[地]의 대조를 나타내고 있다. "강[剛[陽]]과 유(柔[陰])는 낮과 밤의 상징이다"[52]라고도 말해지고 있다.

모델[法象]의 가장 위대한 것은 하늘과 땅[天地]이고, 변통(變通)의 가장 위대한 것은 사계절[四季]이며, 상(象)을 가장 명확하게 나타내는 것은 해와 달[日月]이 제일이다.[53]

하늘[天]이 신비적인 것을 나타내자 성인(聖人)이 그것을 본받고, 천지자연이 변화하자 성인이 그것을 배우고, 하늘[天]이 모델[象]을 보여서 길흉을 나타내자 성인이 이를 모방했다.[54]

옛날 복희씨(包犧氏)가 천하의 왕이었을 때, 위로는 하늘[天]에서 모델[象]을 취하고 아래로는 땅[地]에서 본보기[法]를 취하여, 새와 짐승[鳥獸]

---

52) 『周易』, 「繫辭上傳」. "剛柔者, 晝夜之象也."
53) 『周易』, 「繫辭上傳」. "是故, 法象, 莫大乎天地, 變通, 莫大乎四時, 縣象著明, 莫大乎日月."
54) 『周易』, 「繫辭上傳」. "是故天生神物, 聖人則之, 天地變化 聖人效之, 天垂象見吉凶, 聖人象之"

의 무늬와 땅에서 나는 물건[土地의 産物]을 관찰하여, 가깝게는 몸에서 생각하고, 멀리는 물건들을 생각하여, 거기서 비로소 8괘를 만들었다.55)

역은 이처럼 하늘과 땅을 모방했으나, 성인에 의해 만들어진 것이기 때문에 당연히 천지(天地)과 똑같은 작용을 할 수 있다고 말해진다.

역은 천지를 법칙으로 해서 만들어졌기 때문에 천지의 도(道)를 넓게 포괄할 수 있다. 위로는 하늘의 무늬를 관찰하고, 아래로는 땅의 이치를 관찰하여 만들었기 때문에 미묘한 것과 분명한 것 모두를 알 수 있다. 자연의 반복과 시종[始終]을 망라하고 있기 때문에 인간의 생사 문제도 알 수 있다.56)

천지를 모방하는 일이 과연 그런 정도의 효과를 가져올 수 있을까? 이것은 잠시 접어두고, 어쨌든 천지자연을 모범으로 했기 때문에 역이 다른 어떤 것보다 우월하다는 사실을 과시하려 한다는 것은 분명하다. 역의 이러한 우수성을 지나칠 정도로 강조하고 있는 것이 바로 건(乾)과 곤(坤)에 있는 「단전」이다.

크도다 건원(乾元)이여, 만물이 여기에 근거해서 시작된다. 그리고 그것은 하늘까지도 통할한다(大哉乾元, 萬物資始, 乃統天).

지극하도다 곤원(坤元)이여, 만물이 여기에 근거해서 생겨난다. 그리고

---

55) 『周易』, 「繫辭下傳」. "古者包犧氏之王天下也, 仰則觀象於天, 俯則觀法於地, 觀鳥獸之文與地之宜, 近取諸身, 遠取諸物, 於是始作八卦."
56) 『周易』, 「繫辭上傳」. "易與天地準, 故能彌綸天地之道. 仰以觀於天文, 俯以察於地理, 是故知幽明之故. 原始反終, 故知死生之說."

그것은 하늘을 순조롭게 이어받는다(至哉坤元, 萬物資生, 乃順承天).

천지를 모범으로 해서 만들어진 건(乾)과 곤(坤)이 마침내 하늘과 땅[天地]을 대신하여 만물을 생성하고 "하늘을 통할한다"고까지 말해지고 있는 것이다. 물론 그것은 이미 8괘의 하나로서의 건(乾)·곤(坤)의 차원을 넘어서고 있다. 그러나 그 초월성은 이미 8괘에도 투영되어 있다.

역과 자연의 관계

음양(陰陽)이 바로 천지(天地)의 대립을 본받았다는 설명은 「설괘전」에도 보인다. 그리고 8괘의 상징[象]을 자연현상으로 설명하는 것도 이와 관계가 있다. 즉, 건(乾)·곤(坤)·진(震)·손(巽)·감(坎)·리(離)·간(艮)·태(兌)의 8괘를 하늘[天], 땅[地], 우레[雷], 바람[風], 물[水], 불[火], 산(山), 연못[澤]에 배당시켜 설명하는 방식이다. 학자에 따라서는 이런 사고방식을 가장 오래된 원시적인 것으로 보기도 하는데, 만약 그렇다면 역과 자연의 관계는 그 발생적인 면에서의 연계성과 관련하여 매우 정확하게 이해될 수 있다. 나는 반드시 그렇다고 찬성하고 싶지는 않다. 그러나 역과 자연의 관계가 십익(十翼)의 단계에서야 비로소 발생했다고 생각할 필요도 없다. 역은 점을 치는 기술로서 본래부터 인간을 넘어선 신비성과 관련된 것이기 때문에, 그러한 신비성의 근거를 자연계에서 찾는다는 것은 대체로 있을 수 있는 일이다. 8괘를 하늘, 땅, 우레, 바람 등에 배당시키는 것과는 별개로, 역의 점치기의 신비성을 자연과 연관지어 생각하는 태도는 아마도 처음부터 있었을 것이다. 십익(十翼)에서 이런 해석을 강조한 것은 원래부터 있었던 이런 설명방식을 받아들였다는 뜻이 된다.

역을 가지고 점을 치는 방식 역시 자연계의 수(數)를 모범으로 한 것이라고도 여겨져 왔다. 시초[蓍]를 양손으로 나누는 것은 하늘[天]과 땅[地]을 본뜬 것이고, 한 개를 새끼손가락에 끼우는 것은 사람[人]을 본뜬 것이며, 네 개씩 나누어가는 것은 사계절[四季]을 본뜬 것이고, 나머지를 다시 분류하는 것은 윤달과 윤년을 본뜬 것이었다. 그리고 '건(乾)의 책(策)은 216', 즉 시초를 네 개씩 나누어 양효(陽爻) 하나를 그려내기 위한 수는 그것을 '9'의 노양(老陽)으로 헤아리면 4개씩이므로 36개(4×9=36)가 되고, 건(乾)괘는 6효이므로 216개(36×6=216)가 된다는 것이다. 다음에는 '곤(坤)의 책(策)은 144', 마찬가지로 음효(陰爻) 하나가 나오기 위해서는 '6'의 노음(老陰)의 수에 따라 4×6=24, 다시 6효를 곱하면 144가 된다. 이를 합하면 '무릇 360(陽216+陰144)이 1년의 날짜수에 해당한다'고 말한다. 365일의 대략적인 수라는 뜻이다. 「계사전」에 보이는 서법(筮法)이 반드시 원시적인 서법(筮法)이었다고 말할 수는 없을지라도, 이러한 설명은 훨씬 뒤의 해석에 의해 붙여졌을 것이다. 그러나 역이 천지자연에 근거하여 만들어졌다는 것은 틀림없는 사실이다.

'자연에 따른다'는 윤리관

역이 자연을 본받아 만들어졌고, 그렇기 때문에 훌륭하다고 말하는 것은 물론 인간을 자연에 따르도록 하는 데 목적이 있다. 성인도 이를 따르는데 어찌 보통사람이 따르지 않을 수 있겠는가.『역』의 십익(十翼)에 보이는 도덕성은 자연에 근거를 두고 있다. 그것이 확실하고 구체적으로 나타나는 것은 '대상(大象)'의 문장들이다.[57] 거기서는 괘의 상징 [象]을 하늘[天], 땅[地], 산(山), 연못[澤] 등의 자연현상을 본뜬 것으로 간주하고, 그 하늘과 땅이나 산과 연못의 형태에 따라 군자의 행동을 규제하고 있다. 자연에 따르는 것이야말로 그릇됨이 없는 행동이라는 윤리관이 거기에 작용하고 있음은 말할 것도 없다.

　자연에 따른다거나 자연을 모범으로 삼는다는 것은 대체 어떤 것일까? 그것은 인간과 자연을 완전히 다른 이질적인 대립으로 보지 않고, 오히려 동일한 것의 다른 양상으로 생각하는 사고방식이다. 원시적인 고대인은 주위의 자연에 대한 자각(自覺)이 없어서, 자연을 절대적인 것으로 여긴 채 동물적인 반응을 보일 뿐이었으나, 인간의 인식과 자각능력이 점차 발달하면서 주체적인 대응이 생기게 되었다. 고대 그리스에서는 대우주(매크로 코스모스)와 소우주(마이크로 코스모스)라는 관계에서 자연과 인간은 어디까지나 하나라고 인식했다. 그 경우에 자연의 상징들은 인간의 모습으로부터의 유추에 의해 묘사되고, 또 심령을 가지고 움직이는 존재였다. 중국의 경우도 이와 크게 다르지 않다. 다른 점이라면 그리스에서는 그런 가운데서도 자연과학적인 객관적 자연관이 매우 발전하여 마침내 근세의 자연관으로 이어졌지만, 중국에서는 그러한 자연관이 있었다고 하더라도 대단히 미약했다. 그 이유는 중국에서는 인간세계에 대한 관심이 매우 강해서 자연계에 대한 주목을 방해했기 때문이다. 그 대표적인 것이 유가의 사상이다.[58] 유가의 합리주의는

---

57) 大象傳과 그 문장의 예에 대해서는 제1장 제3절을 참조.—지은이
58) 이 문제에 대해서는 졸저『論語の世界』(NHKブックス)에서 儒家的 合理主義의

미지(未知)의 자연계로 사고를 확장시킴으로써 신비의 세계로 떨어질 위험을 경계한 것이었다.

아버지로서의 자연, 어머니로서의 자연

자연의 세계는 참으로 신비하면서도 알 수 없는 세계이다. 자연에 힘이 있고, 움직임이 있고, 어떤 이치가 있다는 것은 인정되지만, 그것이 과연 어떤 것인지는 단지 현상에 관한 인간과의 유비(類比)에 의해 비유적으로 설명될 뿐이었다. 중국의 경우에 자연은 먼저 두 가지 면으로 파악된다. "천지의 큰 덕[大德]을 낳는 것[生]이라고 한다"[59]고 말하고 있듯이, 하나는 만물을 낳는 어머니로서이고, 또 하나는 만물을 기르고 지배하는 아버지로서이다. 전자에 중점을 두는 것이 도가사상이고, 후자를 중시하는 것이 유가사상이었다. 그리고 이 만물을 낳고 길러내는 움직임은 사계절의 순환이나 천체의 운행과 같이, 일정한 이치[條理]에 따르면서도 순간의 쉼과 그침도 없이 영원히 계속된다. 인간의 문제를 제일로 여기는 사고에서는 자연의 힘과 작용, 그리고 그 이치에 대해서만 알면, 이미 자연은 인간의 모범으로서 충분한 것이었다. 그 이상의 문제를 파고드는 것은 불가지의 세계에 도전하는 어리석은 짓으로 생각되었다.

알 수 없는 불가지의 자연세계는 신비의 베일에 싸여 있다. 유가사상은 거기로 떨어지는 것을 경계하는 합리성을 가졌지만, 또한 신비의 세계를 그대로 온존하는 식의 불철저함도 함께 가지고 있었다. "귀신을 공

본질로서 상세히 설명했다.―지은이
59) 『周易』, 「繫辭下傳」. "天地之大德曰生."

경하더라도 그것을 멀리하는 것, 그것이 아는 것이다"라는 공자의 말은 그러한 유가의 기본적인 태도를 가장 분명하게 드러내고 있다. 이는 "아직 삶[生]의 문제도 모르는데 어찌 죽음[死]의 일을 알 수 있겠는가(未知生 焉知死.)"라는 말과 마찬가지로, 현실의 인생 문제에 사고를 집중시켜야 함을 주장하는 합리주의적인 말이라고 생각된다. 그런데 이 두 가지 인용은 신령(神靈)의 문제에 대해 소극적인 태도를 취한 것이지만, 신령의 존재 자체를 부정하는 정도로까지 나가지는 않았다는 것도 분명하다. 공자 사상의 밑바탕에는 인간으로서는 인식할 수 없는 지고(至高)의 존재로서의 천(天)이 있었던 것이다.

도가와 유가를 이어주는 것

역은 점을 치는 기술로서 물론 신비와 관계된다. 그 역이 유가에 채용된 것은 당연히 유가의 본래의 사상에도 그것을 받아들일 만한 측면이 있었기 때문일 것이다. 그러나 『역』의 신비성은 특히 강하다. 역은 '삶과 죽음[死生]의 설을 알고', '귀신의 실정[情狀]을 아는' 것이라는 식의 분명한 설명은 물론 공자나 맹자의 말이 아니다.

　　알 수 없는 음양의 움직임, 그것을 신(神, 영묘한 움직임)이라 한다(陰陽不測之謂神).

　　신(神)에게는 정해진 것이 없고, 역에는 체(體)가 없다(神無方, 而易無體).

대저 역은 성인이 심오함을 다하여 미묘한 계기[幾微]를 분명하게 하기 위한 것이다(夫易聖人所以極深而研幾也). [이상 「繫辭上傳」]

신비를 궁구하여 변화를 분별해야 성대한 덕(德)이라 할 수 있다(窮神知化, 德之盛也). [「繫辭下傳」]

여기서 미래를 미리 알아서 흔히 알 수 없는 것을 찾아낸다는 점서(占筮)의 불가사의는 신비적인 자연계의 음양의 작용과 관계되는 것으로서 강조되고 있다. 그러므로 인간과 자연의 합일을 설명하는 말은 심원(深遠)한 것으로 분식되었음은 말할 것도 없다.60)

결국『역』의 신비성에 대한 강조는 천인합일의 입장을 심원하게 하는 것과 연결된다. 그 신비성에 대한 강조에는 도가사상의 영향도 있었다. 자연과의 신비적인 결합에 의해 인간의 괴로움을 떨쳐내고자 한 태도가 도가계통 사람들에게 있었기 때문이다. 그러나『역』의 본령은 어디까지나 유가적이었다. 그것은 단지 자연과의 신비적인 결합을 설명하는 입장만 가지고 있는 것은 아니다. 천지(天地)를 부모라고 생각하고, 인간도 만물 가운데 하나의 물(物)에 지나지 않는다고 보는 것은 유가나 도가도 마찬가지이다. 그러나 유가는 만물 중에서도 인간을 가장 고귀한 존재라고 생각하여, 인간의 가치실현의 노력을 강조했다. 자연 속에 있으면서도 그 자연을 배우면서 자연과 견줄 정도까지 향상되기를 바랐던

---

60) 역(易)의 신비성과 관련하여, 그 음양의 기호가 갖는 상징성도 대단히 중요하다. "글은 말을 다 표현하지 못하고, 말은 뜻을 다 표현하지 못한다(書不盡言. 言不盡意)"(「繫辭上傳」)라는 추상적이고 논리적인 표현에 대한 불신은 선종(禪宗)의 '以心傳心' '不立文字'를 연상시키는데, 이는 중국인의 사고방식의 중요한 특색이라 할 수 있다. - 지은이

것이다. 물론 그들이 자연의 작용이라고 생각하는 바로 그 목표를 향하여….

중국인의 운명관

"한 번 음이 되고 한 번 양이 되는 것[一陰一陽]을 도(道)라고 한다"는 말에 이어 「계사전」에서는 그 자연의 작용을 계승하는 데서 인간의 도덕이 생겨난다고 말한다.

한 번 음이 되고 한 번 양이 되는 것[一陰一陽]을 도(道)라고 한다. 그것을 계승하는 것이 선(善)이고, 그것을 이루는 것이 성(性)이다. 어진 사람[仁者]이 그것을 보면 '인(仁)'이라고 하고, 지혜로운 사람[知者]은 그것을 보고 '지(知)'라고 말하지만, 보통사람[百姓]은 매일 그것에 의지하면서도 그것이 무엇인지를 모른다.[61]

여기서는 인간도덕의 근거가 명백하게 설명되고 있다. 그리고 도덕의 완성을 바라는 인간본성이 분명하게 제시되어 있다.

옛날 성인이 역을 만든 것은 그것에 의해서 사람들이 본성과 운명의 이치[性命의 理]에 따르도록 하기 위해서이다.[62]

---

61) 『周易』, 「繫辭上傳」. "一陰一陽之謂道. 繼之者善也. 成之者性也. 仁者見之謂之仁. 知者見之謂之知. 百姓日用而不知."
62) 『周易』, 「說卦傳」. "昔者聖人之作易也. 將以順性命之理"

옛날 성인이 역을 만든 것은 … 도덕에 조화롭게 따라서[和順] 의(義)에 다스려지고, 이치를 궁구해서 성(性)을 다하여 명(命)에 이르고자 해서이다.63)

'이(理)'나 '성(性)', '명(命)'이라는 것은 무엇인가? '성(性)'은 인간에 내재하는, 태어날 때부터 가지고 있는 순수한 본성이다. '명(命)'은 인간을 초월한 밖으로부터 닥쳐오는 커다란 운명이다. 그리고 '이(理)'는 내외, 즉 성(性)과 명(命)을 관통하는 객관적인 법칙이다. 여기서는 안에 있는 본성과 밖으로 드러난 운명의 일치가 지향되고 있다. 운명을 주체적으로 받아들이는 것, 밖으로부터 닥쳐오는 것을 안으로 돌려놓는 것, 이것이 바로 '성명(性命)의 일치'이다. 이것은 인간이 향상의 극점에서 자연과 합일하는 것이기도 하다.

운명관은 숙명관과는 다르다. 여기서 의미 깊은 이야기 하나를 들어보자. 명나라의 도사로서 유명한 원료범(袁了凡)은 소년시절에 어떤 점술가[占師]에게 자신의 운명에 대해 점을 쳐봤는데, 그가 커가면서 그때의 점괘가 그대로 들어맞아 자연스레 숙명관을 지니게 되었다. 그리고 인생의 모든 것은 미리 정해져 있어서 자신은 53세에 죽을 운명이라고 체념한 채, 세상일에 대해서는 전혀 신경 쓰지 않고 완전히 깨달은 사람처럼 되었다. 그러던 어느 날 운곡선사(雲谷禪師)가 그의 수양법에 대해 묻자, 원료범은 사실대로 대답했다. 운곡선사는 한바탕 크게 웃고는 "아주 대단한 사람인 줄 알았더니 보통사람에 지나지 않는다"고 말하고, 원료범에게 여러 가지 도리를 설명하면서 "명(命)이란 것은 나로부터 생

---

63) 『周易』, 「說卦傳」. "昔者, 聖人之作易也. … 和順於道德而理於義, 窮理盡性以至於命."

기고 복(福)은 나에게서 찾아진다—운명은 자신에게서 열리고, 행복은 자신에게서 추구되는 것이다"라고 가르쳐주었다. 거기에서 원료범은 비로소 정신을 차리게 되었는데, 이상하게도 그 후로는 점술가의 예언이 하나도 들어맞지 않았다. '료범(了凡, 보통을 끝내다)'이라는 그의 호는 이를 기념하여 예전의 호를 고친 것이라고 한다.[64]

 운명은 자신이 결정하고 개척하는 것이다. 그것은 확실히 인간의 능력을 넘어선 강력한 힘으로 나타난다. '천명(天命)'이라는 말이 보여주듯이, 그것은 바로 지배의 힘으로서의 자연이기도 하다. 어떤 의미에서는 인간능력의 한계에 대한 자각의 표현이라 해도 좋을 것이다. 그러므로 본래 역을 가지고 점을 치는 것은 본질적으로 운명에 관계되며, 신비적으로 예고된 운명은 물론 인간의 힘을 넘어선 것이었다. 그것은 신의 의지로서 절대적으로 받아들여졌을 것이다. 그러나 『역』의 십익(十翼)의 사상은 그것을 '성명(性命)의 일치'라는 차원 높은 경지에서 다시 설명하고 있다. 신비적인 세계에 빠져들어 운명에 굴복하면 생명이 넘치는 활동적인 인간성을 상실하게 된다. 그런 경우에는 운명도 운명이 아닌 것이 된다. 인간적인 노력과 아울러 운명에 지지 않으려는 굳센 마음으로 인생을 살아갈 때 새로운 운명이 생긴다. 운명의 자각, 즉 운명을 내것으로서 주체 속에서 파악할 때 인간은 더욱 강인해질 것이다. 그러면서 평안한 마음[安心]의 경지가 얻어지는 것이다.

  하늘[天]의 명(命)을 즐기기 때문에 걱정하지 않는다.[65]

---

 64) 西澤嘉朗, 『陰隲錄の硏究』.—지은이
 65) 『周易』, 「繫辭上傳」. "樂天知命, 故不憂."

이것이 바로 '성명(性命)의 일치'의 경지이며, 또한 자연과 합일된 경지이다.

천인합일의 전통

인간세계의 질서와 우주자연계의 질서 사이의 일치를 생각하는 천인합일 사상은 『역』이 만들어지기 전이나 후에도 일관되게 중국사상사를 관통하고 있다. 공자의 천(天)사상에도 나타나 있지만, 맹자 역시 "그 진심(眞心)을 다하면 본성(本性)을 알고, 본성을 알면 천(天)을 안다"[66]고 말했다. 인간의 심(心)과 천(天)이 서로 통한다는 입장인 것이다. 도가의 경우는 더욱 분명하다. 도가에서 말하는 '도(道)'에는 우주자연계의 질서원리로서의 의미가 있기 때문에 인간이 도(道)로 돌아가야 한다는 것을 주장하는데, 이것도 바로 천인합일이다. 한대의 유학은 물론이고, 도덕에 관한 학설의 근본에는 사변적인 우주관이 깔려 있기 때문에 송대의 주자학도 전형적인 천인합일 사상의 하나라고 말할 수 있다. 그러므로 천인합일에 대한 설명방식은 다양하더라도 그것이 중국사상의 기본적인 입장으로서 일관되어 있다고 말할 수 있다. 물론 천(天)과 인(人)을 분리해서 생각하는 사상가도 있었다. 순자의 '천과 인간의 구분(天人之分)' 선언은 유명하다. 후한의 왕충(王充)과 당나라의 유종원(柳宗元)·유우석(劉禹錫) 등은 모두 신비적인 합일사상에 반대한 급진적인 합리주의자로 평가받고 있다. 그러한 사상적 계보를 그려보는 것도 물론 가

---

[66] 『孟子』, 「盡心上」. "盡其心者, 知其性也, 知其性則知天矣."

능하며, 그 자체로도 의미가 있다. 그러나 중국사상의 주류, 즉 일관되게 정통적인 사상으로 인정되어 온 것은 천인합일 사상이었다.

인간중심의 사상

천인합일의 경우에도 인간과 자연의 대립이 없는 것은 아니다. 천도(天道)·지도(地道)·인도(人道)라는 삼재(三才)가 역에 갖추어져 있다고 말하는 것이나, 천지와 인간을 대조해서 설명하는 방식의 대부분은 대립이 존재함을 말해주는 것이기도 하다. 그러나 물론 이 대립은 순수한 의미에서의 대립은 아니다. 인간은 자연으로부터 생겨난 하나의 물[一物]에 지나지 않는다는 기본적인 사고가 있기 때문에, 인간과 자연의 관계는 당연히 서로 협조적이다. 거기에는 대대관(對待觀)과 관련되는 면도 보일 것이다. 따라서 인간과 자연이 투쟁하고, 인간의 힘에 의해서 자연이 정복된다는 식의 사고는 거기에 없다. 자연과의 합일(合一), 특히 자연과의 오묘한 일치[妙合]라는 도가의 신비주의는, 신과 자연과 인간을 분명하게 구별하는 서양근대의 사상과 비교할 때 동양사상의 전형을 상징한다고도 말할 수 있다.

다만 여기서 주의할 것은, 중국에서 주류를 차지한 천인합일 사상에서는 인간의 주체적인 입장이 매우 분명하다는 점이다. 자연 속에 인간이 포함되어 마치 인간이 사라져버린 것처럼 보이지만 사실은 그렇지 않다. 자연계의 질서는 자연과학적인 법칙이라기보다는 오히려 인간 이상(理想)의 투영으로서의 이념적인 의미가 강하다. 바로 인간을 중심으로 한 사상이라고 말할 수밖에 없는 요소가 있다. 이 점은 순수한 자연

자체에 몰입하는 일본인의 태도와도 구별되는 것이다.

물론 천인합일 사상에서 자연과학이 싹트기는 어렵다. 그 애매함은 또한 신비주의와 연결되기가 쉽고, 근대적 합리주의에 비해서는 물론 비근대적이고 비합리적이다. 그러나 거기에는 우주 전체의 조화를 생각하는 낙천적인 심정이 용솟음치고 있고, 그것은 본래부터 평화적인 사상이었다. 그리고 거기에도 인간의 주체성은 관철되고 있다. 그 관철의 형식은 서양의 경우처럼 곧바로 무모하게 나아가는 것이 아니라, 전체 세계의 조화를 생각하면서 진행된다고 하는 일관성이 엿보인다. 그 사상 속에는 인간세계의 평화와 안정이 들어 있다.

부록
『역경』 명언집／점을 치는 언어 64괘

부록 1
『역경』 명언집

* 『역경(易經)』의 순서에 따랐으며, 독자들의 이해를 위해 괄호 안에 보충설명과 원문을 첨부했다.

○ 하늘의 운행은 굳세니 군자는 이를 근거로 해서 스스로 쉬지 않고 노력한다(象曰 天行健, 君子以自彊不息 : 乾, 大象).

○ '원'(이라는 말)은 선의 우두머리가 된다. … 군자는 인을 체득해야 다른 사람의 우두머리가 될 수 있다(元者, 善之長也. … 君子體仁足以長人 : 乾, 文言)

○ 용언(평상시의 말)을 믿고, 평상시의 행동을 삼가고, 사악함을 막아서 그 성실함을 보존한다. 세상에서 칭찬을 받더라도 자랑하지 않아야 덕이 넓어지게 된다(庸言之信, 庸行之謹, 閑邪存其誠, 善世而不伐, 德博而化 : 乾, 文言).

○ 군자는 덕을 발전시키고 학문을 닦아야 한다. 충과 신은 덕을 발전시키는 근거가 된다. 말을 닦아서 그 성실함을 세우는 것은 학문을 세우는 근거가 된다(君子, 進德修業. 忠信, 所以進德也. 修辭立其誠, 所以居業也 : 乾, 文言).

○ 같은 소리는 서로 대응하며 같은 기운은 서로 찾는다. 물은 습한 데로 흐르고, 불은 마른 데로 나아가고, 구름은 용을 따르고, 바람은 범을 따른다 (同聲相應, 同氣相求. 水流濕, 火就燥, 雲從龍, 風從虎 : 乾, 文言).

○ 군자는 배워서 이(역의 의미)를 모으고, 들어서 이(역의 의미)를 구별하고,

너그럽게 해서 여기(역의 이치)에 거주하고, 인(仁)으로써 이(역의 이치)를 행한다(君子, 學以聚之, 問以辯之, 寬以居之, 仁以行之 : 乾, 文言)

○ 그 대인은 천지와 그 덕을 합하고, 일월과 그 밝음을 합하고, 사계절과 그 차례를 합하고, 귀신과 그 길흉을 합한다. 하늘에 앞서도 하늘이 틀렸다고 하지 않고, 하늘보다 뒤에서 하늘의 시간을 받든다(하늘의 계절을 따른다). 하늘이 틀렸다고 하지 않는데, 하물며 사람에서랴. 하물며 귀신에서 랴(夫大人者, 與天地合其德, 與日月合其明, 與四時合其序, 與鬼神合其吉凶, 先天而天弗違, 後天而奉天時, 天且弗違而況於人乎, 況於鬼神乎 : 乾, 文言).

○ 땅의 형세가 곤(坤)이니, 군자는 이를 근거로 해서 덕을 두텁게 하고 만물을 싣는다(地勢坤, 君子以厚德載物 : 坤, 大象).

○ 주머니를 묶으면(자신의 지식을 감추면) 허물이 없고 명예도 없으리라(括囊, 無咎, 無譽 : 坤, 六四).

○ 선을 쌓는 집안은 반드시 남는 경사(이로움)가 있고, 악을 쌓는 집안은 반드시 남는 재앙(해로움)이 있다. 신하가 그 임금을 죽이고, 아들이 그 아버지를 죽이는 것은 하루 아침 하루 저녁(짧은 시간)의 이유에서가 아니고, 그 유래는 점차로 생기니, 분명한 것은 일찍이 분명하지 않은 것에 의해 알려진다(積善之家, 必有餘慶, 積不善之家, 必有餘殃. 臣弑其君, 子弑其父, 非一朝一夕之故, 其所由來者漸矣, 由辯之不早辯也 : 坤, 文言).

○ 군자는 경으로써 안을 바르게 하고, 의로써 바깥을 바르게 한다. 경과 의가 세워져서 덕은 외롭지 않다(사람들이 모여든다)(君子, 敬以直內, 義以方外. 敬義立而德不孤 : 坤, 文言)

○ 처음 점을 치면, (길흉을) 알려주고, 두세 번 (점을 치면) 어지러워진다. 어지러워지면 알려주지 않는다(初筮告, 再三瀆, 瀆則不告 : 蒙, 卦辭).

○ 하늘의 도는 가득 참을 무너뜨려서 덜어낸 데(謙)에 보태고, 땅의 도는 가득 참을 변화시켜서 '겸'으로 흘러가게 하고, 귀신은 가득 참을 방해하여

'겸'을 다행으로 여기고, 사람의 도는 가득 참을 미워하고 '겸'을 좋아한다(天道虧盈而益謙, 地道變盈而流謙, 鬼神害盈而福謙, 人道惡盈而好謙：謙, 彖傳).

○ 왕과 제후를 섬기지 않고 그 일을 높이 받든다(不事王侯, 高尙其事：蠱, 上九).

○ 성인이 신비로운 도로써 가르침을 세우니 천하는 복종한다(聖人, 以神道設敎, 以天下服矣：觀, 彖傳).

○ 하늘의 무늬를 보아 때의 변화를 관찰하고, 사람의 무늬를 보아 세상을 변화시킨다(觀乎天文, 以察時變, 觀乎人文, 以化成天下：賁, 彖傳).

○ (끊임없이 순환하는 의미인) 복(에서) 그 천지의 마음을 본다(復, 其見天地之心乎：復, 彖傳).

○ 하늘이 산 위에 있는 것이 '대축'이다. 군자는 이를 근거로 해서 전언왕행(과거의 뛰어난 언행)을 알아서 그 덕을 기른다(天在山中, 大畜. 君子, 以多識前言往行, 以畜其德：大畜, 大象).

○ 천지는 만물을 길러내고, 성인은 어짊을 길러서 만민에 미치게 한다. 기르는 때는 크도다(天地養萬物, 聖人養賢, 以及萬民. 頤之時大矣哉：頤, 彖傳).

○ 산 아래에 우레가 있는 것이 '이'이다. 군자는 이를 근거로 해서 언어를 신중히 하고 음식을 절제한다(山下有雷, 頤. 君子, 以愼言語, 節飮食：頤, 大象).

○ 군자는 이를 근거로 해서 홀로 서도 두려워하지 않고, 세상(에 쓰이지 않으면)을 피해도 괴로워하지 않는다(君子, 以獨立不懼, 遯世無悶：大過, 大象).

○ 하늘과 땅이 서로 감응해서 만물은 변화하고 생겨나며, 성인은 사람들의 마음과 감응해서 천하가 화평해진다. 그 서로 감응하는 곳을 보면 천지만물의 실정이 보이게 된다(天地感而萬物化生, 聖人感人心而天下和平.

觀其所感, 而天地萬物之情可見矣: 咸, 彖傳).

○ 숫양이 울타리에 오니, 물러날 수도 없고, 나아갈 수도 없다(羝羊觸藩, 不能退, 不能遂 : 大壯, 上六).

○ '가인'은 여자는 안에서 위치를 바르게 하고, 남자는 바깥에서 위치를 바르게 한다. 남녀가 바르게 해야 하는 것은 하늘과 땅의 큰 의리이다(家人, 女正位乎內, 男正位乎外, 男女正, 天地之大義也 : 家人, 彖傳).

○ 하늘과 땅이 어긋나도 그 일은 같고, 남자와 여자가 어긋나도 그 뜻은 통하고, 만물은 어긋나도 그 일은 비슷하다. '규(서로 어긋나는 것)'의 때의 쓰임은 크도다(天地睽而其事同也, 男女睽而其志通也, 萬物睽而其事類也, 睽之時用大矣哉 : 睽, 彖傳).

○ 덜어내기도 하고, 보태기도 하며, 채우기도 하고, 비우기도 하는 것은 때와 함께 간다(損益盈虛, 與時偕行 : 損, 彖傳).

○ 세 사람이 길을 가면 한 사람을 잃고, 한 사람이 길을 가면 그 친구를 얻는다(三人行則損一人. 一人行則得其友 : 損, 六三).

○ 하늘과 땅이 바뀌어 사계절이 이루어지고, 탕임금과 무임금의 혁명은 하늘을 따르고 사람을 따랐으니, '혁'의 때는 크도다(天地革而四時成. 湯武革命, 順乎天而應乎人, 革之時大矣哉 : 革, 彖傳).

○ 군자는 표변(표범의 가죽처럼 아름답게 변화)하고, 소인은 얼굴표정을 바꾼다(君子豹變, 小人革面 : 革, 上六).

○ 해가 가운데 오면 기울고, 달이 차면 기울게 된다. 천지의 채워지고 비움은 때와 함께 줄어들고 늘어난다. 하물며 사람에서랴, 하물며 귀신에서랴(日中則昃, 月盈則食. 天地盈虛, 與時消息, 而況於人乎, 況於鬼神乎 : 豐, 彖傳).

○ 어미 학이 그늘에서 우니, 그 새끼가 이에 화답한다. 나에게 좋은 술잔이 있으니, 나는 그대와 함께 다 마시리라(鳴鶴在陰, 其子和之. 我有好爵, 吾與爾靡之 : 中孚, 九二).

○ 하늘은 높고 땅은 낮아서, '건'과 '곤'이 정해진다(天尊地卑, 乾坤定矣 : 以下, 繫辭上傳).
○ 하늘의 도는 남자를 이루고, 땅의 도는 여자를 이룬다. '건'은 큰 시작을 알고 '곤'은 완성될 물건을 만든다. 건은 쉽게 알고 곤은 간략함으로써 잘한다. 바뀌면 알기 쉽고, 간략하면 따르기 쉽다. … 쉽고 간략해서 천하의 이치가 얻어진다(乾道成男, 坤道成女. 乾知大始, 坤作成物. 乾以易知, 坤以簡能. 易則易知, 簡則易從 … 易簡而天下之理得矣).
○ 강함과 부드러움이 서로 추이(推移)해서 변화가 이루어진다(剛柔相推而生變化).
○ 군자가 평상시에 즐겨야 할 것은 역(易)의 차례이다. 즐겁게 완미해야 할 것은 효사이다. 그러므로 군자는 평상시에는 그 상징을 보고 그 말을 완미하고, 움직일 때는 그 변화를 보고 그 점(괘의 결과)을 완미한다. 이렇게 해야 하늘로부터 도움을 받아, 길하고 이롭지 않음이 없게 된다(君子所居而安者, 易之序也. 所樂而玩者, 爻之辭也. 是故君子居則觀其象而玩其辭, 動則觀其變而玩其占, 是以自天佑之, 吉無不利).
○ 역(易)은 천지와 나란하다. 그러므로 천지의 도를 미륜(넓게 질서짓는 것) 할 수 있다. 우러러 하늘의 무늬를 보고, 아래로 땅의 이치를 살핀다(易與天地準, 故能彌綸天地之道. 仰以觀於天文, 俯以察於地理).
○ 정기(精氣)는 물(物)이 되고, 유혼(遊魂)은 변화가 된다(精氣爲物, 遊魂爲變).
○ 하늘의 명령을 즐기기 때문에 걱정하지 않는다. 흙(각각의 지위, 입장)을 즐기고 인(仁)을 돈독하게 하기 때문에 사랑할 수 있다(樂天之命, 故不憂. 安土敦乎仁, 故能愛).
○ 한 번 음이 되고 한 번 양이 되는 것을 도라고 한다(一陰一陽謂之道).
○ 넉넉하게 갖추고 있는 것을 큰 사업이라고 하고, 날마다 새로워지는 것을 왕성한 덕이라고 하며, 낳고 낳는 것을 역(易)이라고 한다(富有之謂大業,

日新之謂盛德. 生生之謂易).

○ 군자가 집에 있을 때 그 말을 착하게 하면 천리의 밖에서도 이에 호응한다. 하물며 그 가까운 사람에서랴. … 말은 몸에서 나와 백성에 미치고, 행동은 가까운 데서 나와 멀리 나타난다. 언행은 군자의 중요한 기관이다. 중요한 기관의 발동은 영예와 모욕의 주인이다. 언행은 군자가 천지를 움직이는 근거이니, 신중하지 않을 수 있겠는가(君子居其室, 出其言善, 則千里之外應之, 況其邇者乎 … 言出乎身, 加乎民, 行發乎邇, 見乎遠, 言行君子之樞機, 樞機之發, 榮辱之主也. 言行君子之所以動天地也, 可不慎乎).

○ 군자의 도는 나갈(벼슬할) 때도 있고 있을(벼슬하지 않고 집에 있을) 때도 있고, 침묵해야 할 때도 있고 말해야 할 때도 있다. 두 사람이 마음을 함께하면 그 날카로움은 금을 자른다. 마음을 함께하는 말은 그 향기가 난초와 같다(君子之道, 或出或處, 或默或語. 二人同心, 其利斷金. 同心之言, 其臭如蘭).

○ 군자가 비밀이 없으면 신하를 잃고, 신하가 비밀이 없으면 몸을 잃고, 기미가 되는 (신중한) 일이 비밀이 없으면 해가 된다(君子不密則失臣, 臣不密則失身, 幾事不密則害成).

○ 역(易)은 생각이 없고, 함이 없다. 조용히 움직이지 않지만 감응해서 두루 천하의 일에 통한다(易無思也, 無爲也. 寂然不動, 感而遂通天下之故).

○ 역(易)은 성인이 심오함을 다하여 미묘한 계기[幾微]를 분명하게 하기 위한 것이다(夫易, 聖人之所以極深而硏幾也).

○ 역(易)은 (사물의 이치를) 열어서 (인간의) 노력을 이루게 하고, 천하의 도를 덮으니, 이와 같을 뿐이다(夫易, 開物成務, 冒天下之道, 與斯而已者也).

○ 성인은 이에 근거하여 마음을 닦고, 심오한 곳에 물러나 (그 이치)를 간직한다. 백성과 길흉을 함께하고, 신령함으로써 미래를 알고, 지혜로써 과거

를 간직한다(聖人以此洗心, 退藏於密, 吉凶與民同患, 神以知來, 知以藏往).

○ 물을 갖추어 이용하고, 기구를 만들어서 천하의 이로움으로 삼는 것은 성인보다 더 큰 것이 없다. 심오한 이치를 찾아내고 숨겨진 도리를 찾으며, 심오한 이치를 찾아 멀리 이르러 천하의 길흉을 정하고, 천하의 부지런함을 이루는 것은 시귀[卜筮]보다 큰 것이 없다(備物致用, 立成器以爲天下利, 莫大乎聖人. 探賾索隱, 鉤深致遠, 以定天下之吉凶, 成天下之亹亹者, 莫乎蓍龜).

○ 글은 말을 다 (표현)하지 못하고, 말은 뜻을 다 (표현)하지 못한다(書不盡言, 言不盡意).

○ 형이상을 도라 하고, 형이하를 기라고 한다(形而上者謂之道, 形而下者謂之器).

○ 아무 말 없이 이루고, 말하지 않아도 믿는 것은 덕행에 달려 있다(默以成之, 不言而信, 存乎德行).

○ 천지의 큰 덕을 '생'이라고 한다(天地之大德曰生). (以下, 繫辭下傳)

○ '위(位)'를 지킬 수 있는 방법을 인(仁)이라고 한다. 사람을 모으는 방법을 재(財)라고 한다. 재물을 다스리고 말을 바르게 하여 백성이 바르지 않음[惡]을 하는 것을 금하는 것을 의(義)라고 한다(何以守位曰仁. 何以聚人曰財. 理財, 正辭, 禁民爲非, 曰義).

○ 역(易)은 궁하면 변하고, 변하면 통하고, 통하면 오래간다(易窮則變, 變則通, 通則久).

○ 황제, 요, 순은 옷을 드리워도(아무것도 하지 않고도) 천하가 다스려졌다(皇帝, 堯, 舜垂衣裳而天下治).

○ 천하가 무슨 생각을 하고 무슨 걱정을 하겠는가. 천하는 함께 돌아가지만 길을 달리하고(목적은 같지만 방법이 다를 뿐이고), 하나로 이르지만 백가지 생각이 있으니(뜻은 하나이나 생각하는 방식이 다를 뿐이니), 천하가

○ 무슨 생각을 하고 무슨 걱정을 하겠는가(天下何思何慮, 天下同歸而殊途, 一致而百慮, 天下何思何慮).
○ 자벌레의 구부림은 펴기를 추구함이다. 용과 뱀이 (굴에서) 몸을 움츠리고 있는 것은 몸을 보존하기 위해서다(尺蠖之屈, 以求信也. 龍蛇之蟄, 以存身也).
○ 군자는 그릇(기량)을 몸에 간직하고 때를 기다려 움직이니, 어디에서나 이롭지 않음이 없다(君子藏器於身, 待時而動, 何不利之有).
○ 조그만 잘못에 크게 경계함, 이것은 소인의 복이다(小懲而大誡, 此小人之福也).
○ 선이 쌓이지 않으면 이름을 이룰 수 없고, 악이 쌓이지 않으면 몸을 없애지 않는다. 소인은 작은 선은 이익이 없다고 해서 하지 않고, 작은 악은 해가 없다고 해서 떠나지 않는다. 그러므로 악이 쌓이면 숨길 수 없고, 죄가 크면 풀수 없다(善不積不足以成名, 惡不積不足以滅身. 小人以小善爲無益而弗爲也, 以小惡爲無傷而弗去也. 故惡積而不可掩, 罪大而不可解).
○ 군자는 편안할 때도 위태로움을 잊지 않고, 있을 때도 없음을 잊지 않고, 다스려질 때도 어지러움을 잊지 않는다(君子安而不忘危, 存而不忘亡, 治而不忘亂).
○ 군자는 기미(어떤 일이 생길 조짐)를 보고 행동하여, 해가 마치기를 기다리지 않는다(그 날을 넘기지 않고 즉시 일을 시작한다). … 군자는 미세한 것도 알고 드러난 것도 알며, 부드러운 것도 알고 강한 것도 알아서, 모든 사람들이 바라는 사람이다(君子見幾而作, 不俟終日 … 君子知微知彰, 知柔知剛, 萬夫之望).
○ 진실로 그 사람이 아니라면 도는 헛되이 행하지 않는다(도만으로 실현되지는 않는다)(苟非其人, 道不虛行).
○ 배반하려는 사람은 그 말이 부끄럽고, 마음에 의심이 있는 사람은 그 말

이 나누어진다. 길인의 말은 적고, 조급한 사람의 말은 많다(將叛者其辭慙, 中心疑者其辭枝. 吉人之辭寡, 躁人之辭多).

○ 이치를 다하고 본성을 다하여 천명에 이른다(窮理盡性, 以至於命). (以下, 說卦傳)

○ 하늘의 도를 세워서 '음'과 '양'이라 하고, 땅의 도를 세워서 '유'와 '강'이라 하고, 사람의 도를 세워서 '인'과 '의'라고 한다(立天之道, 曰陰與陽. 立地之道, 曰柔與剛. 立人之道, 曰仁與義).

○ 재물로써 천지의 도를 이루고 천지의 바름을 서로 도와서 백성을 돕는다(以財成天地之道, 輔相天地之宜, 以左右民) (泰, 大象).

부록 2
점을 치는 언어 64괘

* 괘사(卦辭)만을 찾아보기 쉬운 형태로 배열했다. 제2장에서 언급한 '역의 점치는 방법'에 따라 괘를 그렸으므로 그 부분을 참조하는 것도 좋을 것이다.
** 자주 나오는 용어를 설명하면, '형통하다[亨]'는 것은 장애가 없이 부드럽게 진행됨을 말하고, '바르다[貞]'는 본래 있는 그대로를 지켜나가면서 쓸데없는 행동을 하지 말 것을 뜻하고, '어딘가로 나아갈 곳이 있다[有攸往]'는 것은 여행·사업의 시작·출발을 의미하고, '큰 내를 건넌다[涉大川]'는 것은 큰 일의 결행·결단 등을 나타내는 것이며, '훌륭한 사람을 만난다[見大人]'는 것은 연장자나 전문가 등을 만나서 상담하는 것을 뜻하는 용어이다.

● 건·곤

☰ **乾** [剛健·天·父·男]
매우 형통하다. 바르게 행동하면 이롭다(乾, 元亨利貞).

☷ **坤** [柔順·地·母·女]
매우 형통하다. 암말[牝馬]과 같이 유순하고 바르게 행동하면 이롭다. 군자가 어딘가에 가는 경우라면 처음에는 미혹되지만 나중에는 안정을 얻어서 이롭다. 서남쪽에서는 친구를 만나지만 동북쪽에서는 친구를 잃는다. 편안하고 바르게 행동하면 길하다(坤, 元亨. 利牝馬之貞. 君子有

攸往, 先迷後得主利. 西南得朋, 東北喪朋. 安貞吉).

● 양효(－)가 하나인 괘

☷☷ **復** [反復·復歸]

형통하다. 나가고 들어와도 병과 해가 생기지 않는다. 친구를 얻어도 허물이 없다. 그 도(道)를 반복해도 7일 만에는 돌아온다. 어딘가로 떠나는 것이 이롭다(復, 亨, 出入無疾, 朋來無咎. 反復其道, 七日來復. 利有攸往).

☷☵ **師** [軍隊·戰爭·근심]

바르게 행동하라, 장수[軍人]라면 길하고 허물이 없다(師, 貞, 丈人吉, 無咎).

☷☶ **謙** [謙遜]

형통하다. 군자에게는 유종의 미가 있다(謙, 亨, 君子有終).

☳☷ **豫** [安樂]

제후를 세워서, 군대를 사용하는 것에는 이롭다(豫, 利建侯, 行師).

☵☷ **比** [친함·즐거움]

길하다. 점을 칠 때에 크고 오랫동안 바르게 하면, 허물이 없다. 편안하지 않은 곳에는 가지 말라. 뒤에 오는 사람은 흉하다(친함을 끊어버리는 것도 좋지 않다)(比, 吉. 原筮, 元, 永, 貞, 無咎. 不寧來方, 後夫凶).

☶☷ **剝** [끌어내려짐]

어디를 가더라도 이롭지 않다(剝, 不利有攸往).

부록 2 : 점을 치는 언어 64괘 241

○ 음효(--)가 하나인 괘

☰ 姤 [만남]
여성의 기세가 세다. 여자를 취하지 말라(姤, 女壯, 勿用取女).

☰ 同人 [和同·사람을 모음]
광야에 있을지라도 (넓게) 행동하면 형통하다. 큰 내를 건너면 이롭다. 군자는 바르게 행하면 이롭다(同人于野, 亨, 利涉大川, 利君子貞).

☰ 履 [실제로 행동함]
호랑이 꼬리를 밟더라도 물리지 않는다. 형통하다(위험에 있더라도 어딘가 탈출구가 있다)(履虎尾, 不咥人, 亨).

☰ 小畜 [조그마한 저축]
형통하다. 구름이 빽빽하면서도 비는 오지 않는다. 서쪽에 있는 교(郊)에서부터이다(올 듯 하면서도 오지 않음)(小畜, 亨, 密雲不雨, 自我西郊).

☰ 大有 [큰 물건을 가짐]
크게 형통하다(大有, 元亨).

☰ 夬 [결단]
왕의 조정에서 (악인을) 처단한다. 믿음이 있더라도 이 일을 하면 위험한 경우가 생긴다. 영읍(領邑)에서부터 알려야 하지만, 무력으로 해결하려는 것은 이롭지 않다. 어딘가로 가는 것은 이롭다(夬, 揚于王庭. 孚號. 有厲. 告自邑, 不利卽戎. 利有攸往).

○ 양효(−)가 두 개인 괘

☷☱ **臨** [監臨]

크게 형통하다. 바르게 행동하면 이롭다. 8월이 되면 흉하다(臨, 元亨, 利貞. 至于八月, 有凶).

☷☲ **明夷** [광명이 가리어짐]

고생을 이겨내고 바르게 행동하면 이롭다(明夷, 利艱貞).

☳☳ **震** [震動・威令・우레・長男]

형통하다. 우레소리가 나서 무섭지만, 그 후에는 '활짝' 웃는다. 우레는 사방 백리를 놀라게 하지만, 제사를 지낼 때 숟가락과 술[香料酒]을 떨어뜨리는 일은 생기지 않는다(변화없이 제사를 주재할 수 있다)(震, 亨. 震來虩虩, 笑言啞啞. 震驚百里, 不喪匕鬯).

☵☳ **屯** [싹이 나옴・困難]

매우 형통하다. 바르게 행동하면 이롭다. 그러나 어딘가로 떠나가는 것은 안 된다. 제후를 세우는 것이 이롭다(屯, 元亨, 利貞. 勿用, 有攸往. 利建侯).

☶☳ **頤** [기름・입]

바르게 행하면 길하다. 기를 것을 잘 관찰하기 때문에, 자기 입에 넣을 것을 찾을 수 있다(頤, 貞吉. 觀頤, 自求口實).

☷☴ **升** [위로 올라감]

매우 형통하다. 훌륭한 사람을 만나면 걱정이 없어진다. 남쪽을 정벌하면 이롭다(升, 元亨. 用見大人, 勿恤. 南征吉).

☷☵ **解** [解放]

서남쪽이 이롭다. (해방되어) 진행되어 가는 것이 없으면, 처음으로 돌아가는 것이 길하다. 어딘가로 가려면, 일찍 가는 것이 이롭다(解, 利西南. 無所往, 其來復吉. 有攸往, 夙吉).

☵☵ **習坎** [매우 험난함・함정・水・中男]

믿음이 있다면 그 마음은 형통하다. 앞으로 나아가면 좋은 것도 생긴다 (習坎, 有孚, 維心亨, 行有尙).

☶☵ **蒙** [暗昧・어리석음]

형통하다. 자신이 어린애를 [가르치려고] 찾는 것이 아니라, 어린애가 스스로 찾아온다. 처음 점을 쳤을 때는 [길흉을] 가르쳐주지만, 두 번 세 번 할 때는 [서(筮)의 신성함을] 모독하기도 하여, 모독하면 가르쳐주지 않는다. 바르게 행동하면 이롭다(蒙, 亨. 匪我求童蒙, 童蒙求我. 初筮告, 再三瀆, 瀆則不告, 利貞).

☳☶ **小過** [조금 넘침]

형통하다. 바르게 행동하면 이롭다. 작은 일에는 좋지만, 큰 일에는 좋지 않다. 날아가는 새는 울음소리를 남기고 간다. 올라가는 것은 적절하지 않지만, 내려가는 것은 적절하므로 크게 길하다(小過, 亨. 利貞. 可小事, 不可大事. 飛鳥遺之音, 不宜上宜下, 大吉).

☵☶ **蹇** [움직이지 않음]

서남 방향에서는 이롭지만, 동북 방향에서는 이롭지 않다. 훌륭한 사람을 만나는 것은 이롭다. 바르게 행동하면 길하다(蹇, 利西南, 不利東北. 利見大人, 貞吉).

☶ 艮 [멈춤·배반·山·少男]

배반한 채로 멈추어 그 몸을 드러내지 않는다. 그 뜰에 가더라도 그 사람을 볼 수 없다. 허물은 없다(艮其背, 不獲其身, 行有庭, 不見其人, 無咎).

☵ 萃 [모임]

왕이 영묘(靈廟)에 가서 제사를 지낸다(조령[祖靈]을 모으고, 사람들을 모은다). 훌륭한 사람을 만나면 이롭다. 형통하다. 바르게 행동하면 이롭다. 제사에 큰 제물(소)을 쓰면 길하다. 어디로 가든지 이롭다(萃, 亨, 王假有廟. 利見大人, 亨, 利貞. 用大牲, 吉. 利有攸往).

☲ 晉 [나아가 올라감]

강후가 천자에게서 많은 말[馬]을 하사받고 낮에 세 번이나 천자를 만난다(강후는 주나라 무왕의 동생으로, 위[衛]의 봉건제후였음) (晉, 康侯, 用錫馬蕃庶, 晝日三接).

☴ 觀 [보다·나타나다]

목욕재계를 하고도 (신에게) 나아가지 않는다(청결히 하고 아주 신중하게 한다). 진실하면서도 마음이 약하다(觀, 盥而不薦, 有孚, 顒若).

○ 음효(--)가 두 개인 것

☶ 遯 [隱退·逃避]

형통하다. 작은 일에 대해서 바르게 하면 이롭다(遯, 亨, 小利貞).

䷅ 訟 [訴訟·爭]

믿는 바가 있다. 사방이 막혀 있지만, 조심하고 경계해서 중(中)을 얻으면 길하다. 끝까지 밀고 나가면 흉하다. 훌륭한 사람을 만나는 것은 이롭지만, 큰 내를 건너는 것은 이롭지 않다(訟, 有孚. 窒, 惕, 中, 吉. 終凶. 利見大人, 不利涉大川).

䷸ 巽 [들어간다·순종·木·長女]

조금은 형통하다. 어딘가로 떠나면 이롭다. 훌륭한 사람을 만나는 것도 이롭다(巽, 小亨, 利有攸往, 利見大人).

䷱ 鼎 [솥(음식을 끓이는 그릇)]

매우 길하다. 형통하다(鼎, 元吉, 亨).

䷛ 大過 [큰 허물]

대들보가 무너지고 있다. 어딘가로 떠나면 이롭다. 형통하다(大過, 棟橈. 利有攸往, 亨).

䷘ 無妄 [거짓이 없다]

매우 길하고 형통하다. 바르게 하면 이롭다. 바르게 하지 않으면 재앙이 있다. 어딘가로 떠나는 것은 이롭지 않다(無妄, 元亨利貞. 其匪正, 有眚, 不利有攸往).

䷤ 家人 [가정의 도리]

부인이 곧으면 이롭다(家人, 利女貞).

䷝ 離 [부부가 된다·火·中女]

바르게 행하면 이롭다. 형통하다. 암소를 기르면(유순한 덕을 키우면) 길하다(離, 利貞, 亨. 畜牝牛, 吉).

☲ 革 [변혁・혁명]

기(己, 십간의 여섯번째)날이라면 믿음이 생기고, 매우 형통하여, 바르게 하면 이롭다. 후회가 없다(革, 己日來孚. 元亨, 利貞, 悔亡).

☲ 中孚 [안에 있는 마음을 진실하게 함]

돼지와 고기와 같은 가벼운 제물을 바치면 길하다. 큰 내를 건너면 이롭고, 바르게 하면 이롭다(中孚, 豚魚吉. 利涉大川. 利貞).

☲ 睽 [어긋나다]

작은 일의 경우는 길하다(睽, 小事吉).

☲ 兌 [기쁘다・澤・少女]

형통하다. 바르게 하면 이롭다(兌, 亨, 利貞).

☲ 大畜 [크게 비축하다・크게 멈추다]

바르게 하면 이롭다. 벼슬을 하여 집에서 음식을 낭비하지 않으면 길하다. 큰 내를 건너면 이롭다(大畜, 利貞. 不家食, 吉. 利涉大川).

☲ 需 [기다리다・나아가지 않다]

믿음이 있어서 매우 형통하다. 바르게 행동하면 길하다. 큰 내를 건너면 이롭다(需, 有孚, 光亨, 貞吉, 利涉大川).

☲ 大壯 [성대하다]

바르게 하면 이롭다(大壯, 利貞).

○ 음효(--)와 양효(—)가 세 개인 것(초효가 양인 것)

☰☷ 泰 [태평하다]

작은 것을 버리면 큰 것이 온다. 길하고 형통하다(泰, 小往大來, 吉亨).

☱☳ 歸妹 [시집가다]

시집가는 것은 흉하다. 이로운 것은 아무것도 없다(歸妹, 征凶, 無攸利).

☴☱ 節 [절제하다·그치다]

형통하다. 절도를 지키려고 애쓰면 바르게 되지 않는다(節, 亨. 苦節不可貞).

☶☱ 損 [줄이다]

믿는 것이 있으면 매우 형통하고 허물이 없어서 바르게 된다. 어딘가로 떠나면 이롭다. (이미 덜어낸데다가) 무엇인가를 사용하려면 두 개의 그릇으로 지내는 제사라도 (진심으로 한다면) 좋다(損, 有孚, 元吉, 無咎, 可貞, 利有攸往. 曷之用, 二簋可用亨).

☳☲ 豊 [성대하다·충일하다]

형통하다. 왕자(王者)가 여기로 온다. 걱정할 것이 없다. 낮이 좋다(豐, 亨, 王假之, 勿憂, 宜日中).

☵☲ 旣濟 [완성]

조금 형통하다. 바르게 하면 이롭다. 처음은 길하지만 마지막은 어지럽다(旣濟, 亨小, 利貞, 初吉終亂).

☲☶ 賁 [꾸미다]

형통하다. 어딘가로 떠나면 조금은 이롭다(賁, 亨. 小利有攸往).

☱☳ 隨 [따르다]

매우 형통하다. 바르게 하면 이롭다. 허물이 없다(隨, 元亨, 利貞, 無咎).

☲☳ 噬嗑 [싸우다·형벌이 있다]

형통하다. 형벌을 행하면 이롭다(나쁜 사마[邪魔]를 제거한다) (噬嗑, 亨. 利用獄).

☴☳ 益 [보태주고 더한다]

어딘가로 떠나면 이롭다. 큰 내를 건너는 것도 이롭다(益, 利有攸往, 利涉大川).

○ 음효(--)와 양효(–)가 세 개인 것(초효가 음효인 것)

☰☷ 否 [막히다·암흑]

사람이 아니다(인도[人道]를 어기다). 군자와 같은 바름으로도 이롭지 않다. 큰 것은 가고 조그만 것이 온다(否之匪人, 不利君子貞. 大往小來).

☴☶ 漸 [나아간다]

여자가 시집가면 길하다. 바르게 하면 이롭다(漸, 女歸, 吉, 利貞).

☲☶ 旅 [여행]

조금 형통하다. 여행지에서 바르게 하면 이롭다(旅, 小亨, 旅貞吉).

☷☶ 咸 [감응·夫婦]

형통하다. 바르게 하면 이롭다. 여자를 맞아들이면 이롭다(咸, 亨, 利貞, 取女吉).

☴☵ 渙 [이산·헤어짐]

형통하다. 왕이 사당에 가서 제사를 지낸다. 큰 내를 건너면 이롭다. 바르게 하면 이롭다(渙, 亨. 王假有廟. 利涉大川. 利貞).

☲☵ 未濟 [미완성]

형통하다. 조그만 여우가 내를 다 건넜는데, 그 꼬리를 적신다(조그만 일도 완성할 수 없다) 이로운 것은 아무것도 없다(未濟, 亨. 小狐汔濟, 濡其尾, 無攸利).

☱☵ 困 [困窮]

형통하다. 바르게 하여 훌륭한 사람이라면 길하고 허물이 없다. (그렇지 않으면) 변명해도 믿어주지 않는다(困, 亨, 貞, 大人吉. 無咎. 有言不信).

☶☴ 蠱 [사업·惑亂]

매우 형통하다. 큰 내를 건너면 이롭다. 갑일(甲日, 십간의 갑의 날) 이전의 3일, 갑일 이후의 3일이 좋다(蠱, 元亨. 利涉大川. 先甲三日, 後甲三日).

☵☴ 井 [우물·백성을 먹여살림]

마을은 변해도 우물은 변하지 않는다. 잃어버릴 것도 없고 얻을 것도 없다. 우물 속에서만 왕래한다. 거의 미칠 듯하면서도 두레박 줄이 닿지 않아 그 두레박이 끊어진다. 흉하다(井, 改邑不改井, 無喪無得, 往來井井. 汔至, 亦未繘井, 羸其瓶, 凶).

䷟ 恒 [항상·항구]

형통하다. 허물이 없다. 바르게 하면 이롭다. 어딘가로 떠나면 이롭다(恒, 亨, 無咎, 利貞. 利有攸往).

저자 후기

요즈음은 역(易)이 유행이라고 한다. 물론 역으로 점을 치는 것을 가리키는 말이다. 그 원인이 어디에 있을까 하는 문제는 현대사회의 비평가들에게 맡겨두고, 내가 여기서 말하고 싶은 것은 역이 점을 치는 것 말고 중국적인 사상을 대표한다는 사실이다. 물론 점을 친다는 것과 그 사상성이 별개의 것은 아니다. 양자가 이상하게도 서로 얽혀 있다는 것에 역의 재미가 있다. 이 책에서는 역으로 점을 치는 방법에 관해 가장 정통적인 방법을 소개함으로써 흥미를 즐기는 독자들이 스스로 점을 쳐 볼 수 있도록 배려했다.

그런데 역의 사상성을 설명하는 단계에서는, 점(占)을 위주로 하는 견해는 아무래도 신비적이고 비과학적인 해석으로 빠져들게 된다. 메이지 시대의 역학자로서 유명한 네모토 미찌아키(根本通明)가 역에 관해 그 불역(不易)사상을 강조하여 천황이 만세일계(萬世一系)의 큰 도리[大道]를 말한 것이라고 하거나, 혁(革)괘는 혁명을 두려워하고 경계한 것이라고 말한 것 등이 그러한 예이다. 그래서 역의 사상을 말할 때는 '점을 치는 신비'에서 벗어나 객관적이고 과학적인 입장에서 역의 전체를 냉정하게 파악할 필요가 있다. 이토오 진사이(伊藤仁齋)가 "복서(卜筮)의 설은 세속에서 흔히 기뻐하는 것이지만, 의리(義理[思想])에는 대단한 해가 된다"고 하면서 의리의 책으로서의 성격을 강조하기 위해 복서

(卜筮)를 경시한 것은 왕필(王弼)이나 정이천(程伊川)의 입장을 계승한 것이지만, 사상가로서는 정당한 태도였다.

결국 나의 이 책도 의리(義理) 쪽에 무게를 두고 있다. 점(占)을 의리(義理) 쪽에 종속시켜 '점을 치는 것에서 의리로'라는 방향에서 설명한 것이다. 따라서『역(易)』의 구성에서부터 그 성립의 역사를 포함해서 역의 전체적인 모습은 이 책을 통해 거의 설명했다고 생각한다. 물론 역의 사상으로서 좀더 언급해야 할 문제가 전혀 없다고는 할 수 없지만, 그래도 중요한 내용은 모두 다루었다고 해도 좋을 것이다. 끝으로 본문에 밝힌 것을 포함해서 몇몇 참고서를 소개한다.

- 역(易)의 성립사
  內藤虎次郎,『易疑』(筑摩書房,『內藤湖南全集』第7卷)
  津田左右吉,『易の硏究』(岩波書店,『津田左右吉全集』第16卷)
  武內義雄,『易と中庸の硏究』(岩波書店)

- 역학사
  鈴木由次郎,『漢易硏究』(明德出版)
  今井宇三郎,『宋代易學の硏究』(明治圖書)
  戶田豊三郎,『易經注釋史綱』(風間書房)

- 점서법(占筮法)
  海保靑陵,『周易古占法』
  新井白蛾,『易學小筌』
  加藤大岳,『易學大講座』第1卷

- 개설
  渡邊千春,『周易原論』

鈴木由次郎, 『周易』(弘文堂, アテネ新書)
本田 濟, 『易學』(平樂寺書店, サ-ラ叢書)

● 번역해독
公田連太郎, 『易經講話』(明德出版)
本田 濟, 『易』(朝日新聞社, 中國古典選)
高田眞治·後藤基巳, 『易經』(岩波文庫)
赤塚 忠, 『易經(抄)』(平凡社, 中國古典文學大系 1)

지은이_카나야 오사무(金谷治)

1920년생
토호쿠(東北)대학에서 중국철학 전공
일본중국학회 이사장 역임
토호쿠대학 명예교수, 동방학회 상무이사
저서: 『論語の世界』, 『秦漢思想史研究』 등 다수.

옮긴이_김상래(金相來)

1961년생
공주대학교 사범대 졸업
한국정신문화연구원 한국학대학원 졸업(석사)
동 대학원 졸업(박사)
논문: 「다산의 사서해석의 특징연구」,
　　　「다산의 대학해석의 특징」,
　　　「노장사유의 해체적 이해」 등.

주역의 세계

ⓒ 김상래, 1999

지은이 • 카나야 오사무
옮긴이 • 김상래
펴낸이 • 김종수
펴낸곳 • 도서출판 한울

초판 1쇄 발행 • 1999년 3월 10일
초판 3쇄 발행 • 2010년 4월 5일

주소 • 413-832 파주시 교하읍 문발리 507-2(본사)
　　　121-801 서울시 마포구 공덕동 105-90 서울빌딩 3층(서울 사무소)
전화 • 영업 02-326-0095, 편집 02-336-6183
팩스 • 02-333-7543
홈페이지 • www.hanulbooks.co.kr
등록 • 1980년 3월 13일, 제406-2003-051호

Printed in Korea.
ISBN 978-89-460-4279-7　93150

* 가격은 겉표지에 표시되어 있습니다.